АЗБУКА-КЛАССИКА

NON-FICTION

МИЯМОТО МУСАСИ

Искусство самурая

Книга Пяти колец

АЗБУКА

Санкт-Петербург

УДК 821.521
ББК 84(5Япо)-44
М 91

Перевод с японского и примечания
Андрея Григорьевича Фесюна

Серийное оформление Вадима Пожидаева

Оформление обложки Валерия Гореликова

ISBN 978-5-389-08125-3

МИЯМОТО МУСАСИ[1]

Книга Пяти колец

(Горин[-но] сё)[2]

СВИТОК ЗЕМЛИ

Назвав Путь Закона воина *Нитэн Итирю* (Два Неба, Один Поток), практиковав его на протяжении нескольких лет, [я] впервые подумал о том, чтобы изложить его на письме, в первую треть десятого месяца двадцатого года эры Канъэй [1643]. [Я] поднялся на гору Ивато в уделе Хиго на Кюсю, восславил Небо, [вознес] молитвы Каннон и склонился перед Буддой. Я — воин Синмэн Мусаси-но Ками Фудзивара-но Гэнсин, уроженец провинции Харима, шестидесяти лет.

Я отдал (прикрепил) свое сердце *хэйхо*[3] с юного возраста, в тринадцать лет я провел свой первый поединок. В том поединке моим противником был воин Арима Кихэй из школы *Синторю*, и я вышел победителем; в шестнадцать лет я выиграл у сильного воина по имени Акияма из удела Тадзима. В двадцать один я поехал в столицу, встречался там с воинами изо всех краев, и, хотя и говорится, что случаются как победы, так и поражения, не было ни разу, чтобы я проиграл. После я ходил по многим местам, [был] во многих провинциях, встречался [на поединках] с воинами всех школ [фехтования] более шестидесяти раз, но ни разу не был побежден. Все это случилось, когда я был в возрасте от тринадцати до двадцати восьми или девяти лет.

Когда мне перевалило за тридцать, я обернулся, посмотрел на прожитое и понял, что побеждал не оттого, что достиг высшего [мастерства] в *хэйхо*. Быть может, [это происходило] по той причине, что [я в достаточной мере] воспользовался способностями, [которые открываются на] этом Пути, или не отступал от Принципов Неба *(Тэнри)*. А может, воины других школ не были достаточно [умелыми]? После этого я решил глубже постичь Принцип Пути *(Дори)*, занимался днем и практиковал ночью, однако вышел на [истинный] Путь *хэйхо* лишь где-то в пятьдесят лет. И с тех пор для меня не было Пути, к которому следовало бы стремиться, — [я сам] излучал свет и отбрасывал тень. Положившись на основы *хэйхо*, я прилагал их ко всем искусствам и всем ремеслам и ни в каком деле не нуждался в учителях. Сейчас, составляя эту книгу, я не приводил слова ни из Закона Будды, ни из Пути Конфуция, не пользовался древними военными повествованиями и книгами по воинскому искусству; сделав заключение об одной школе, [я решил] полностью раскрыть сердце и, глядясь в зеркало Небесного Пути *(Тэндо)* и [богини] Кандзэон, в час Тигра ночью на десятый день десятого месяца я взялся за кисть и принялся писать.

* * *

Именуемое *хэйхо* есть учение воинского сословия. Военачальники, безусловно, придерживаются этого учения, простые воины также должны знать этот Путь. В этом мире, [однако,] нет такого самурая, который бы полностью постиг Путь *хэйхо*. Из раскрывающих Путь [можно назвать] Закон Будды, спасающий людей, а также конфуцианство, раскрывающее Путь письмен; Путь врачей, излечивающих различные болезни, либо Путь [поэзии] *вака*, [представляемый] составителями песен либо людьми, [занятыми в области] всяческих развлечений, лучниками, представителями различных искусств и ремесел, — всех их практикуют в соответствии с различными образами мыслей, так, как это больше подходит («нравится») сердцу. [Однако] мало кто из людей склонен к Пути *хэйхо*. Приверженность («любовь») двум Путям, то есть войны и письмен, и есть Путь самурая. Хотя у самураев и различные способности, Воинскому Учению надлежит следовать, насколько это возможно. Рассматривая в целом мировоззрение (сердце) самурая, [видишь, что] следует запомнить одно правило *(ги)*: Путь воина — любовь («склонность») к смерти. Путь смерти, [однако], не предназначен лишь для одних самураев; оставившие семьи (монахи), женщины, все вплоть до сотен низших, зная Долг *(гири)* и помня о стыде, без различия могут избрать смерть. Я считаю, что для самурая Путь действий [в соответствии с] *хэйхо* во всем должен основываться на превосходящем человеческое; побеждая в поединке один на один или в сражении со многими противниками, он упрочает свое имя ради [своего] повелителя *(сюкун)* и себя самого. Все это — посредством доблести (добродетели *току*) *хэйхо*. Хотя есть люди («сердца»), которые думают, что, даже изучая Путь *хэйхо*, действительного толка не добиться. Относительно сути *(ги)* [можно сказать, что] практиковать его следует, как будто он пригодится в любую минуту, — в таком случае он пригодится десятки тысяч раз — это и есть истинный Путь *хэйхо*.

Именуемое Путем хэйхо

В земле Хань (Китае) и стране Ва (Японии) сторонники этого Пути всегда назывались следующими *хэйхо*. Будучи самураем, нельзя не исследовать это Учение. В последнее время появились люди, именующие себя знатоками *хэйхо*, однако они всего лишь знающие искусство [фехтования] на мечах. Монахи [синтоистских] храмов Касима и Катори из удела Хитати образовали многочисленные школы, [заявляя, что они] происходят от Светлых Божеств (Мёдзин), ходят по всем уделам и обучают людей, — все это началось совсем недавно. С древних времен [фехтование] включалось в десять умений и семь искусств, именуясь «достойным занятием» *(риката)*, и, хотя и говорили, что оно превосходит [обычные] искусства, чем именовать его «достойным занятием», следовало бы сказать, что оно не ограничивается простым умением владеть мечом. Трудно знать искусство фехтования единственно с помощью навыков владения мечом. Несомненно, таким не по силам тягаться с воинами, [практикующими] Учение.

Взглянув на [то, что происходит] в этом мире, видим, что все искусства предлагаются на продажу; люди рассматривают себя как предметы торговли; изготавливают всевозможные приспособления и желают продать и их, а ведь это — как дву[единство] цветка и зернышка, и получается, что зерен меньше, чем цветков. Особенно на этом Пути *хэйхо* украшают [уже] красивое, заставляют [не ко времени] распускаться цветы, выставляют напоказ свое умение или говорят: мы из той школы или мы от двух школ; учат одному пути, объясняют другой и думают извлечь из этого выгоду; поистине, как кто-то говорил: «Неполное (сырое) *хэйхо* — источник тяжких ран».

В целом для человека в этом мире есть четыре способа (пути) существования: [быть] воином, крестьянином, ремесленником или торговцем. Первый — Путь крестьянина. У него различный инвентарь, он трудится, не обращая внимания на изменения (обращения) четырех времен года, [равно] провожая и весну, и осень, — таков Путь крестьянина. Второй — Путь торговца. Изготовителям *сакэ* требуются всевозможные приспособления; обретая выгоды и терпя убытки, ведут они [свою] жизнь. Таков путь торговли, со всеми преимуществами и недостатками. Третий — Путь воина. На этом пути самурай использует различное оружие и посредством его старается применять его достойным образом, — таков Путь воина. Да и может ли именоваться самураем тот человек, кто не умеет пользоваться оружием и не понимает особенностей самого различного вооружения? Четвертый — Путь ремесленника. Плотник владеет самыми разными инструментами, знает назубок особенности всех предметов [труда], употребляет каждый из них умело, получая за это деньги на жизнь, и таким образом существует в этом мире. Таковы Четыре Пути: воина, крестьянина, ремесленника и торговца. Уподоблю *хэйхо* Пути умелого ремесленника («плотника»). Сравниваю с плотником, так как существует относящееся [к ним обоим] понятие «дом». Благородные дома, воинские дома, Четыре Дома [клана Фудзивара] — все они или разрушаются, или продолжают существовать, и, поскольку мы говорим о неких школах, неких стилях, неких профессиях как о «домах», я буду сравнивать [военное дело] с [искусством] плотника. [Слово] «плотник» записывается [двумя иероглифами, означающими] Великое Умение; Путь *хэйхо* также является Великим Умением, посему я буду излагать в сопоставлении с плотницким [искусством]. Если кто желает заняться Воинским Учением, хорошенько поразмысли над этой книгой; когда учитель — игла, ученик становится ниткой, посему следует непрестанно упражняться.

Путь хэйхо, уподобление [его] плотнику

Военачальник подобен мастеру плотников, знающему меры всех предметов в поднебесье, знакомому с обычаями данного удела, понимающему, что и как принято в данном клане («семействе, доме»); это путь мастера. Мастер плотников изучает конструкции святилищ, башен и храмов, знает размеры дворцов и замков, строит дома, используемые людьми, и [в этом смысле] мастер плотников и мастер воинского сословия подобны [друг другу]. При строительстве дома [прежде всего] сортируют дерево; прямое и без сучков, на которое приятно смотреть, используют для внешних столбов, а то, что с сучками, но все же крепкое и прямое, идет для внутренних столбов; то же, что несколько слабо, но без сучков и приятно на вид, используется для прихожей, перемычек окон и дверей или дверных *сёдзи*; то, где есть и сучки, и изгибы, но которое твердо, также используется для различных частей дома после тщательного его обследования, и такой дом — крепок и стоит долго. Опять-таки, среди древесного материала бывает такой, что и сучков много, и кривой, и слабый, — такой используется для [строительных] лесов, а потом — как дрова. Мастер знает, [у кого из его плотников] выдающиеся, средние или низкие [способности], и направляет их — кого на постройку ниши *(токомавари)*, кого — на дверные *сёдзи*, кого — на прихожую, кого — на перемычки, кого — на отделку потолка и пола, а тех, кто почти совсем ни к чему не способен, — на отскребание ржавчины; так расставив людей и умело их используя, [он] мастерски ведет работу. Добиваться результатов и умело использовать [людей] означает не позволять нарушаться равновесию вещей, знать главное, знать последовательность первоочередного и второстепенного, собирать силы [на главном направлении], [понимать] границы возможного, — [все это] должно быть в сердце мастера. Правила *хэйхо* — те же.

Путь хэйхо

Солдат похож на плотника: тот сам точит свои ручные инструменты, сам подготавливает всевозможные орудия [труда], носит их с собой в плотницком ящике, получает указания от бригадира, обтесывает столбы и бревна теслом, ровняет полы и полки, делает прорези, ажурную резку; точно делает замеры, исполняя все точно-точно, до последней мелочи и умело, — таково искусство *(хо)* плотника. Тщательно и хорошо учись плотницким приемам; после того как постигнешь искусство мер, станешь мастером. Необходимость для плотника — иметь острые орудия; как только выдается у него свободная минута, он принимается их точить. Главная задача плотника — этими орудиями делать маленькие поставцы *(дзуси)*, книжные полки, столы, а также подставки для бумажных фонарей *(андон)*, сковород и резательные доски. Так же [поступают] и солдаты. Им следует тщательно изучать это искусство. Умение плотника в том, чтобы [его работа] не коробилась, сочленения точно подходили, изделие тщательно отглажено и не было излишне покрыто лаком [для скрытия дефектов], чтобы оно не коробилось и в дальнейшем, — вот что существенно необходимо. Если кто думает о том, чтобы [приняться за] изучение этого Пути, следует поочередно вводить все описанное здесь в свое сердце и тщательно постигать.

О пяти свитках, составляющих эту книгу хэйхо

Расчленив пятиричный Путь для отдельного исследования значения каждой части, я написал пять свитков, [назвав их, соответственно,] Земля, Вода,

Огонь, Ветер и Пустота. В свитке Земли [дано] общее изложение *(дайтай)* Пути *хэйхо* и мировоззрение моей школы; занимаясь одним лишь искусством фехтования, действительного Пути не обретешь. От большого переходят к познанию малого, после мелкого погружаются в глубокое. Для того чтобы проложить прямую дорогу [излагаемому] Пути, первая [часть] была названа свитком Земли. Второй — свиток Воды. Взяв воду за основу, сердце (дух) превращается в воду. Вода следует форме [вмещающего ее] сосуда; [она] может быть единой каплей, а может — океаном. В воде содержатся зеленый и голубой цвета; пользуясь ее прозрачностью, я разъясняю [положения своей] школы в этом свитке. Овладев принципами искусства фехтования, достигнув способности свободно побеждать одного противника, становишься способным победить любого человека в мире. Дух победы над одним противником тот же, что и над тысячей десятков тысяч врагов. Искусство военачальника [состоит в том, чтобы] превращать малое в большое, как если бы из [небольшой] фигурки [размером в] *сяку* (30,3 см) воспроизвести [статую] Большого Будды. Нелегко писать о малых подробностях.

Посредством одного знать десять тысяч — таков принцип *хэйхо*. О моей школе написано в свитке Воды. Третий — свиток Огня. В нем изложены записи о поединках. Огонь бывает большим и маленьким, и оттого, что сущность его крайне изменчива, [здесь] описываются решающие сражения. Путь решающего сражения один и тот же, будь то поединок одного с одним или десяти тысяч с десятью тысячами. Сталкивается ли дух с [чем-то] огромным или [с чем-то] малым, относиться с тщательностью и вниманием следует ко всему. Большое увидеть легко, малое — трудно. При большом скоплении людей трудно мгновенно заметить малое. Поскольку сердце одного человека подвержено быстрым переменам, трудно обрести постижение малого. Это требует тщательного изучения. Поскольку изложенное в этом свитке Огня — то, что быстро изменяется, [следует] ежедневно упражняться, воспринимать все как обычную повседневность, дабы дух (сердце) оставался неизменным, — такова сущность *хэйхо*. По этой причине в свитке Огня отражены моменты побед и поражений в поединках.

Четвертый — свиток Ветра. В данном свитке Ветра не говорится о моей школе; речь идет о *хэйхо* во всем мире, о самых разных направлениях. [Иероглиф] «ветер» («обычай», «стиль», «вид») употребляется в выражениях «древний способ», «теперешний обычай», «принятое в каком-либо клане», а также для *хэйхо* в повседневности, в самых разных школах, поэтому и использую его. Не имея хороших знаний о прочих вещах, трудно хорошо узнать себя. Следуя по Пути, исполняя всевозможные дела, можно сбиться на Внешний Путь. Даже ежедневно трудясь на этом Пути, если сердце ошибочно направлено, пойдешь по неверному Пути, пусть даже будешь уверен, что этот Путь — истинный. Следует сразу же определяться с Истинным Путем, ибо, если сердце ошибется хоть немного, потом это обернется большой ошибкой. Необходимо быть крайне внимательным. Относительно других видов *хэйхо* все в этом мире представляют *хэйхо* прежде всего как искусство владения мечом. Однако смысл каждого их положения отличается от моего [понимания] *хэйхо*. Для ознакомления с прочими *(сэкэн-но)* [системами] *хэйхо* был составлен свиток Ветра, где раскрыты положения остальных школ.

Пятый — свиток Пустоты. Сказано — «пустота», так как [в *хэйхо*] нет ни [тайной] удаленности, ни [секретного] входа. Обретая принципы Пути *(дори)*, [следует] от этих принципов отстраняться; если ты свободен на Пути *хэйхо*, ты обретешь поразительный эффект *(кидоку)*; действуй по времени, и узнаешь последовательность (ритм) момента; естественным образом наносить удар и так же естественно защищаться — все это Путь Пустоты. О естественном вступлении на Путь изложено в свитке Пустоты.

О названии этой школы — «Два меча»

То, что называется *Нито* ([Школа] Двух Мечей), истоком имеет правило носить по два меча на боку — как для солдат, так и для военачальников. В древности их называли «большой меч» и «меч»; сейчас зовут «длинный меч» и «короткий меч». Я не буду детально объяснять, отчего самураи носят эти два клинка. В нашей стране такое ношение входит в Путь воина, как бы к этому ни относились. [Моя] школа именуется *Нито*, дабы разъяснять достоинства этих двух [предметов]. Копье, алебарда и прочее — другие орудия самурая [помимо мечей]. В моей школе даже начинающие тренируются, держа в обеих руках длинный и короткий мечи, — это настоящее дело. Когда [в схватке] рискуешь жизнью, желательно не оставлять незадействованным ни один из видов оружия. Умереть, не использовав оружие, оставшееся на боку, поистине прискорбно; более того, держа оружие в обеих руках, нелегко работать им свободно и справа и слева, поэтому в моей школе длинный меч держат в одной руке. Копье и алебарда — большое оружие [для двух рук], тогда как длинный и короткий мечи можно держать по одному в руке. Неудобно держать длинный меч в двух руках, сидя верхом, на бегу, в болотистой местности, на каменистом поле, в толпе людей. Держа в левой лук и копье или другое оружие, можно работать длинным мечом в правой; держать же его в двух руках не есть верный Путь. Если трудно зарубить кого-то одной рукой — бей двумя. Не требуется паузы между [использованием] рук.

Прежде всего, чтобы уметь пользоваться длинным мечом в одной руке, обучаются приемам владения одновременно двумя мечами. Любой человек, впервые [взяв меч в одну руку], скажет, что он тяжелый и непростой в обращении; любое дело сперва трудно — тяжело натягивать лук, нелегко размахивать алебардой. Однако, привыкнув к оружию, становится легко сгибать лук, а научившись обращаться с длинным мечом, обретаешь силу Пути, и приемы с ним уже не тяжелы. Для Пути Меча совсем не главное быстро им размахивать — об этом говорится во втором разделе свитка Воды. Использование длинного меча там, где просторно, и короткого — в тесном помещении — основное положение Пути. В этой школе [Двух Мечей] побеждают и коротким, и длинным мечом. Поэтому [я] не вымеряю длины меча: дух должен быть настроен на победу любым [видом оружия], — таков Путь [моей] школы. Лучше использовать не один меч, а два — когда сражаешься один против нескольких или берешь в плен. Об этом нет нужды говорить здесь в подробностях, посредством одного следует узнавать десять тысяч [вещей]. Ступив на Путь *хэйхо*, [для тебя] не будет ничего, чего невозможно было бы узнать. Этому следует учиться весьма тщательно.

Знать значение двух иероглифов [слова] «хэйхо»

Относительно этого Пути в мире часто говорят, что тот, кто умеет владеть длинным мечом, зовется последователем *хэйхо (хэйхося)*. В области воинского искусства тех, кто умело посылает стрелы, зовут лучниками, тех, кто владеет ружьем, — стрелками, орудующих копьями — копьеносцами, умело управляющихся с алебардой — алебардистами. Раз так, то тех, кто хорошо выучил приемы с длинным мечом, следует звать мастерами длинного или короткого меча. Поскольку лук, ружье, копье и алебарда — все орудия, используемые воинским сословием, все это тоже Путь *хэйхо*. Помимо этого, существуют отдельные причины называть [Путь] меча *хэйхо*.

Поскольку достоинства большого меча определяют все в мире и в себе, *тати* («длинный меч») представляет собой сущностную основу *хэйхо*. Обретя эти достоинства, можно в одиночку побеждать десятерых. Если же один побеждает десятерых, то сто победят тысячу, а тысяча — десять тысяч. В соответствии с этим для *хэйхо* [моей] школы все равно — что один, что десять тысяч; *хэйхо* зовутся все те положения, которые должен знать самурай. Среди [следующих] путям есть конфуцианцы, буддисты, люди утонченные, поклонники церемоний, танцовщики [театра «Но»], однако все это не Путь самурая. Хотя, даже не вступая ни на один из этих путей, знание всего их широкого [многообразия] выводит на многое. Одним словом, для всех людей нелишне тщательно вычищать свой Путь.

Знать в хэйхо преимущества оружия

Узнав достоинства воинского оснащения, можно пользоваться любым оружием в соответствии с местом и временем. Коротким мечом пользуются в основном в тесных помещениях и на близком расстоянии с противником; длинный меч пускают в ход в любом месте и в большинстве случаев. Алебарда на поле сражения уступает копью. Копье — для наступления, алебарда — для обороны. При приблизительно одинаковой подготовке копье несколько сильнее алебарды. Оба вида употребляются по обстоятельствам, но в тесном месте проку от них мало. Пленных ими не возьмешь. Их следует применять лишь на поле битвы. В решительном же сражении они абсолютно необходимы. Однако на тренировках увлекаются [показными] приемами, не запоминают мелочей и так забывают об Истинном Пути, — все это скажется при настоящей встрече [с противником]. В решающем сражении лук чрезвычайно важен для [тактического] наступления и отхода; [лучники] ведут беглый огонь с флангов отрядов копейщиков и других подразделений. Однако они малоэффективны при осаде замков или когда противник находится на расстоянии [более] двадцати *кэн*[4] (около 40 метров). В последнее время, что бы ни говорили об [искусстве владения] луком, [видно] много пышного цвета, но мало плодов. Когда пытаешься овладеть подобным «искусством», толку не выходит никакого и пользы немного. Изнутри крепости нет лучше оружия для использования, чем огнестрельное. Даже на поле, перед тем как начались [непосредственные] поединки, им можно воспользоваться очень эффективно. Однако, как только начался бой, оно бесполезно. Одно из достоинств использования луков в том, что [полет] выпущенной стрелы может быть прослежен глазом. Ружейную же пулю глазом не увидишь — в этом ее недостаток. Надо хорошенько помнить эти особенности. Лошади должны быть сильными и безо всяких капризов. Со всеми [видами] оружия — так же: лошадей лучше иметь крупных, мечи длинный и короткий — большие, чтобы рубили широко, алебарды и копья — длинные и массивные, луки и ружья — крепкие и точные. В [выборе] оружия и прочих вещей не следует отдавать предпочтения одному за счет другого. Слишком много — то же, что и слишком мало. И не надо никому подражать и следовать чьему-то примеру; оружие воина должно быть ему по руке. Для полководца, равно как и для простого солдата, не пристало что-то любить, а что-то недолюбливать. [Следует] совершенствоваться в приемах.

Ритмика хэйхо

В каждой вещи присутствует свой ритм, однако ритм *хэйхо* — нечто непостижимое без тренировки. Открытые и общеизвестные ритмы в этом мире — у [идущих по] Пути театрального танца, по Пути музыки и игры на инструментах. На Пути воинских искусств также есть [определенные] ритмы и настрои для стрельбы из лука, паления из ружей и даже езды на коне. Не следует также забывать и о ритме всяческих искусств и художеств. Также есть свой ритм и в невидимом (Пустоте). Для самурая существует ритм службы и ритм неудачи, ритм исполнения и неисполнения обязанностей.

Либо — на Пути торговли: есть ритм обогащения и ритм разорения богача; и в ритме каждого Пути содержатся свои отличия. Следует хорошо понимать и различать во всех вещах ритм расцвета и ритм угасания. В *хэйхо* заключены многие и многие ритмы. Прежде всего узнают подходящий ритм и вычленяют идущий вразрез; среди малых и больших, быстрых и медленных выбирают подходящий ритм; узнают средний ритм и противоречащий ритм — таково первое требование *хэйхо*. Не отбросив этот противоречащий ритм, никогда не станешь совершенным в *хэйхо*. В сражении [по правилам] *хэйхо* узнают ритмы противников, [нападают] в ритме, не противоречащем мыслям противника, и побеждают скорее с ритмом Пустоты, нежели с ритмом Мудрости. Каждый свиток составлен прежде всего с указанием соответствующего ритма. Тщательно изучи написанное; следует также упорно тренироваться.

* * *

Изложенный выше Путь *хэйхо*, если следовать ему и утром и вечером, расширяет сердце, [поскольку] включает в себя как многое, так и малое; передавая это в мир, я впервые свел все положения в пяти свитках — Земли, Воды, Огня, Ветра и Пустоты. Для тех, кто думает изучать *хэйхо* в моем [изложении], существуют несколько правил следования по Пути:

Первое — думай о правильном и справедливом;
Второе — тщательно совершенствуйся на Пути;
Третье — постигай все искусства;
Четвертое — знай Пути всех дел;
Пятое — различай преимущества и ущербность всех вещей;
Шестое — взвешивай достоинства всего, запоминай применение;
Седьмое — проникай и в то, что невидимо глазу;
Восьмое — обращай внимание даже на самое незначительное;
Девятое — не занимайся бессмысленными делами.

Подобным образом, учитывая изложенное, следует совершенствоваться на Пути *хэйхо*. Если ограничиваться только лишь этим Путем и не смотреть на все широким и прямым взором, трудно достичь [мастерства] в *хэйхо*. Тот же, кто тщательно изучил и вобрал в себя эти наставления, не будет побежден ни двадцатью, ни тридцатью противниками. Прежде всего, если отдавать всю энергию *(ки) хэйхо*, неуклонно следуя по Пути, [твоя] рука всегда будет побеждать и все видимое глазу покорится; поскольку же все тело станет послушным в результате непрестанных упражнений, покорится все встречаемое телом; и далее, если сердце целиком сольется с этим Путем, покорится все встречаемое сердцем; достигнув такого состояния, становишься непобедимым. И еще, в широком [смысле] *хэйхо* становится возможным [собирать вокруг себя] хороших людей, пользоваться [их способностями], содержать в порядке свое тело, управлять страной, воспитывать народ, поддерживать порядок в мире; на всех этих Путях достигается неуязвимость, укрепление тела, прославление имени, — таков этот путь *хэйхо*.

2-й день 5-го месяца 2-го года Сёхо [1645]
Синмэн Мусаси
5-й день 2-го месяца
Юмэё Кацунобу (подпись)
Ямамото Гэнскэ-доно

СВИТОК ВОДЫ

Сущность («сердце») [Пути] *хэйхо* [моей школы] *Нитэн Итирю* в основе своей содержит воду; о применении благоприятствующих способов, изложенных в свитке Воды, я и пытался написать, осмысливая [приемы владения] длинным мечом в [моей] школе. Трудно написать подробно обо всем, [что встречается на этом] Пути. Однако пусть слова и не складываются [так, как хотелось бы]; истинный смысл следует [понимать] естественным путем. Написанное здесь необходимо рассматривать [внимательно] — по одному слову, по одному иероглифу. При общем подходе неизбежны будут многочисленные ошибки. Относительно значения *хэйхо:* даже если пишется о поединке один на один, следует воспринимать это как сражение десяти и десяти тысяч, поскольку на вещи нужно смотреть широко. В отношении этого Пути надлежит особо подчеркнуть, что стоит хотя бы немного отклониться с правильного курса, и направление теряется полностью, [причем] вступают на путь неверный (злой). Невозможно постичь Путь *хэйхо*, лишь просмотрев здесь написанное. Не следует изложенное здесь воспринимать лишь как книгу для чтения; неверно будет заглянуть в нее и не задуматься, не начать ею заниматься; не стоит и просто подражать написанному; те положения, что я извлек из своего сердца, нужно непрестанно применять к себе, достигать [в их реализации] мастерства и умения.

Состояние сердца в хэйхо

На Пути *хэйхо* состояние сердца [ничем] не отличается от его обычного состояния. И в повседневности, и в военное время оно совершенно неизменно; сердце должно быть широким и прямым, не позволяй ему быть даже немного стесненным, не давай ему колебаться, держи его в центре, сохраняй его спокойным и не разрешай уклоняться; тщательно следи за тем, чтобы такое состояние не нарушалось ни на мгновение.

Даже в спокойное время не распускай сердце; когда торопишься, пусть сердце нисколько не спешит; не привязывай сердце к телу, а тело — к сердцу; пользуйся сердцем для сердца, не пользуйся сердцем для тела; ничем не ограничивай сердце, но ничем его не переполняй с избытком; пусть на поверхности сердце и кажется слабым, [в действительности] оно будет сильным; старайся не раскрывать сердца для чужих взглядов; те, у кого небольшое тело, должны знать, каково [обходиться] с большим, а те, у кого большое, — как с малым; однако и те и другие должны держать сердце прямым; мы не должны позволять сердцу поддаваться влечениям своих тел, — всему этому следует неуклонно учиться. Внутренность сердца не должна замутняться, ей следует быть широкой, и в это пространное место надлежит вводить и сохранять там мудрость. Чрезвычайно важно непрестанно совершенствовать («полировать») [свои] мудрость и сердце. Увеличивай мудрость, различай справедливость и несправедливость в поднебесье, познай зло и добро всех вещей, изучи различные искусства, пройди по различным Путям, и, когда люди этого мира уже не смогут тебя обмануть, ты обретешь сердце мудрости *хэйхо*. В мудрости *хэйхо* существуют особые отличия. Хотя на поле боя бывают моменты, когда тебя одолевают десятки тысяч различных дел, следует сохранять неподвижное сердце в соответствии с принципами *хэйхо*, — этому необходимо долго и тщательно учиться.

Состояние тела в хэйхо

Относительно положения тела: не поднимай и не опускай головы, не наклоняй ее в сторону; глаза не должны бегать, не морщи лоб, сделай складку между бровями; взгляд пусть не переходит [с одного на другое], старайся [часто] не моргать; сузь брови немного; сохраняй неподвижный взгляд, держи переносицу прямо, а подбородок слегка выдвинь вперед. Относительно шеи: держи задние мышцы прямыми, а те, что отходят к плечам, — слегка напряженными. От плеч и ниже удерживай то же положение: опусти оба плеча, держи спину прямой, не выпячивай ягодицы, от коленей и ниже напряги ноги, не сгибай коленей и напряги живот; есть способ не распуская *оби*[5] удерживать живот втянутым с помощью ножен короткого меча с затянутым узлом. Относительно положения тела в *хэйхо* говорится, что в повседневности тело надо держать как в бою, а в бою — как в повседневности. Это следует очень хорошо изучить.

Сосредоточение взгляда в хэйхо

Сосредоточить взгляд означает держать глаза широко открытыми. Есть два вида [сосредоточения] — *кан* [глубокое исследование сущности предмета] и *кэн* [наблюдение за внешними действиями предмета; незначительными движениями, которые противник желает показать]; взгляд *кан* [должен быть] сильным, взгляд *кэн* — слабым; далекое нужно видеть [как бы] вблизи, близкое — издалека, — [таков один из] приемов *хэйхо*. В *хэйхо* очень важно понимать [движения] меча противника и не следить за его обманными взмахами. Важно продумывание и планирование. [Смысл] сосредоточения взгляда один и тот же, что в малом сражении, что в большой битве. Важно также видеть, [что происходит] по обеим сторонам без движения зрачков. Нелегко пытаться усвоить этот предмет в спешке. Хорошенько запомни все здесь написанное, привыкай к сосредоточению взгляда в повседневной жизни, ни при каких обстоятельствах не изменяй объект своей концентрации, — в этом следует упорно тренироваться.

Как браться за длинный меч

Относительно того, как держать длинный меч: возьми его большим и указательным пальцем — ни крепко и ни легко, плотно — средним, безымянным и маленьким пальцем. Слабости в руке не должно быть. Длинный меч следует брать с мыслью зарубить противника. Когда рубишь, в руке не должно быть никаких изменений, чтобы она не ослабла и не дрогнула. Когда бьешь по мечу противника, принимаешь его удар, парируешь или пережимаешь [его клинок], немного измени положение большого и указательного пальца, однако во всех случаях мысль должна быть одна — зарубить. Рука и при пробной рубке, и при ударах в сражении должна быть поставлена одинаково — чтобы зарубить человека. В целом и в мече, и в руке мне не нравится жесткость. Жесткая [рука] — мертвая рука. Гибкая («не жесткая») [рука] — живая рука. Это следует хорошенько осмыслить.

В пешем строю

При ходьбе слегка поднимай носки и крепко ставь ступню. В ходьбе, в зависимости от обстоятельств, различаются большие и малые шаги, быстрые и медленные, однако ходи так, как делаешь это всегда. Относительно трех видов передвижения — летящий шаг, плывущий шаг и твердый шаг — все они мне не нравятся. Важным на этом Пути считается шаг Инь-Ян[6], и его-то и следует закрепить в сердце. Шаг Инь-Ян не означает просто переставление ног. Это способ перемещения то вправо, то влево при нанесении удара, отходе, парировании. Не следует просто дергать ногами. Этому следует тщательно учиться.

Пять видов позиций (стоек)

Пять стоек — *дзёдан* («верхняя»), *тюдан* («средняя»), *гэдан* («нижняя»), *миги-но ваки* («правая») и *хидари-но ваки* («левая») называются Пятью Направлениями *(гохо)*. Хотя стойки и подразделяются на пять [видов], все [они предназначены] для того, чтобы зарубить человека. Кроме этих пяти, других стоек нет. Какую бы из них ни выбрал, не думай о ней, думай о том, как будешь рубить. Что касается большой или малой стойки, следует выбирать наиболее подходящую к случаю. Верхняя, средняя и нижняя — основные позиции. Сторонние — вспомогательные позиции. Когда есть помеха сверху или с какой-то одной стороны, пользуются сторонней стойкой. Выбор правой или левой зависит от обстоятельств. Следует понять, что лучшая стойка, самое выгодное положение — *тюдан*. Средняя стойка — основа всех остальных позиций. Взглянем на *хэйхо* в целом. *Тюдан* — сидение полководца, остальные четыре следуют этому полководцу. Упражняйся в ней усердно.

Путь длинного меча

Знать Путь длинного меча — это мочь владеть им [при помощи] всего двух пальцев; глубоко познав Путь, станешь пользоваться им свободно. Если попытаешься взмахнуть мечом слишком быстро, ошибешься в приеме (Пути) и не сможешь владеть им свободно. Для правильного владения следует двигать им спокойно. Если думаешь, что можешь размахивать им так же быстро, как веером или коротким мечом, — неверно [следуешь] по Пути меча, и владеть им будет нелегко. Такой прием называется «рубкой коротким мечом», а большим мечом так человека не зарубить. Нанося рубящий удар сверху, подними меч наилегчайшим для подъема путем; ударяя сбоку, возвращай меч стороной; полностью выпрями локти и делай сильный замах, — таков Путь длинного меча. Если запомнишь, как пользоваться пятью стойками нашей школы, владение длинным мечом станет естественным, а замахи будут точными.

К этому следует серьезно готовиться.

Пять внешних позиций: первая

Первая стойка — *тюдан*. Направь острие меча в лицо противника, сблизься с ним, когда противник нанесет удар [своим] мечом, отбей его вниз и вправо;

когда он снова ударит, ударь его меч в ответ и оставь свой опустившийся меч в том же [нижнем] положении, а когда он приготовится нападать снова, руби снизу противника по рукам, — таков первый [прием]. Пять этих внешних позиций трудно понять, исходя лишь из написанного. Следует практиковать пять стоек через посредство рук, тренируясь на Пути меча. С помощью этих пяти приемов владения мечом познаешь и Путь меча моей [школы], и способы, которыми наносит удары мечом противник. Поэтому и хочется, чтобы ты знал: среди приемов владения мечом этой [школы] *Нитэн* нет иных позиций, кроме [указанных] пяти.

Вторая внешняя позиция

Вторая [стойка] с длинным мечом — *дзёдан*; [ее предназначение] — одним ударом [сразить] противника в тот момент, когда он собирается напасть. Держи меч в том же положении, в котором он остался после того, как ты отбил удар противника; когда он вновь нападет, ударь снизу. Если он станет наносить еще один удар, [повтори] тот же [прием]. В этих позициях пребывают различные оттенки чувств и всевозможные ритмы; если практиковать их [способами моей] школы и полностью постичь пятиричный Путь меча, будешь побеждать в любой обстановке. Тренируйся.

Третья открытая позиция

Третья стойка — *гэдан*; приопустив сердце[7], в то же мгновение, как противник собирается ударить, руби его руки снизу. Когда ты будешь бить его по рукам, он снова ударит, [стараясь] отбить [твой меч] вниз; [ты опереди его] и тем же способом ударь снова, целясь отсечь ему обе кисти. [Позиция] *гэдан* предназначена для нанесения упреждающего удара противнику в тот самый миг, [когда он сам] собирается напасть. Этот способ используется и теми, кто продвинулся в мастерстве, и теми, кто лишь начинает. Бери длинный меч и тренируйся.

Четвертая открытая позиция

О четвертой стойке: держи меч сбоку слева, руби снизу по руке противника, наносящей удар. Ударив снизу, как бы встречая удар противника и делая вид, что метишь ему в руку, следуй за ходом его меча, а затем руби наискосок вверх в направлении своего плеча. Это Путь меча. Это способ, посредством которого можно победить, если противник наносит повторный удар. Тщательно изучи его.

Пятая внешняя позиция

Относительно пятой стойки: держи меч сбоку справа, когда противник ударит, в тот же миг руби снизу по диагонали, перейди в позицию *дзёдан* и немедленно бей сверху. Путь меча следует хорошо изучить и знать. Если сможешь взмахивать мечом из этой позиции, станешь способен спокойно обращаться с [любым] тяжелым мечом. Относительно пяти этих стоек я не намерен писать в подробностях. Знай в подробностях Путь меча моей школы («дома»), запомни в целом общий ритм [движений]; постигнуть [ход] меча противника можно, лишь прежде беспрестанно упражняя руку. Сражаясь с противником, употребляй эти способы [владения] мечом, проникай в сердце противника; овладев различными ритмами, сможешь побеждать в любых обстоятельствах. Исполняйся мастерства.

В стойке и без стойки: объяснение

Сказанное «в стойке и без стойки» [подразумевает, что] не обязательно занимать [некую определенную] позицию с длинным мечом. В то же время, раз сказано о Пяти Положениях, [в соответствии с ними] возможно принимать [ту или иную] стойку. И все же, какую бы позицию ты ни занял, длинный меч берут так, чтобы [было сподручнее] зарубить противника, сообразуясь с его движениями, местом действия и обстоятельствами. В зависимости от момента и если сердце слегка опускается, *дзёдан* переходит в *тюдан;* при способствующих обстоятельствах, немного подняв [меч], *тюдан* превращается в *дзёдан*. Слегка подняв [меч] из опущенной [позиции] *гэдан*, переходишь в *тюдан*.

Обе боковые стойки превращаются либо в *тюдан*, либо в *гэдан*, в зависимости от необходимости, если слегка поднять [острие меча]. Соответственно этому и сказано, что стойки и есть, и их нет. Когда берешь в руки длинный меч, цель должна быть одна — зарубить противника. Когда принимаешь удар меча противника, отбиваешь, уклоняешься, парируешь или просто касаешься [его своим мечом] — во всем этом содержатся возможности его зарубить. Если думаешь только о том, чтобы принять удар, или только о том, чтобы отбить, или чтобы уклониться, или парировать, или коснуться, этого недостаточно для того, чтобы зарубить противника. Что бы ты ни предпринимал, думать следует только о способах его зарубить. Хорошо это запомни. Глядя на военное дело в целом, всех можно разделить по [излюбленным ими] позициям. Все они — способы победить в сражении. Придерживаться же [лишь] нескольких из них — плохо. Следует стараться достичь совершенства.

Удар по противнику — мгновенный удар

Нанесение удара противнику происходит единым духом; займи положение, при котором ты можешь до него достать, соберись с духом, покуда противник не успел сделать ни одного движения, и, оставаясь неподвижным, с совершеннейшим спокойствием («не вовлекая сердце») и сколь возможно быстро немедленно руби. «Единым духом» — значит нанести удар так, чтобы противник не имел времени ни на ответный удар, ни на уворачивание, ни на парирование. Хорошенько изучи этот способ, тренируйся, чтобы наносить удар в мгновение ока.

Ритм двух бедер

[Говоря о] ритме двух бедер, [имею в виду] момент, когда ты стараешься ударить, а противник быстро уворачивается или отступает; в этом случае сделай вид, что собираешься нанести удар, но бей лишь тогда, когда противник увернется или отступит и слегка ослабит внимание, — это и называется ударом двух бедер. Вероятно, нелегко обучиться этому, лишь читая здесь изложенное. Но под руководством [наставника] все должно встать на свои места.

Удар, именуемый «без мыслей и соображений» (мунэн мусо)

Когда и противник, и ты готовитесь нанести удар, вы собираете свое тело и свой дух для удара; рука естественно и мощно наносит удар, — это зовется *мунэн мусо*, самым сильным ударом. Ты будешь часто встречаться с ним. Хорошо его оттренируй и пойми его сущность.

Удар, именуемый «текущей водой» (рюсуй)

Относительно удара *рюсуй:* когда встречаешь равного себе противника, который быстро отступает, быстро уклоняется [от удара] и быстро отбивает твой длинный меч, увеличь («собери») свое тело и свой дух, и пусть твой длинный меч следует твоему телу: по возможности медленно, подобно течению реки в глубоких местах, наноси сильные и мощные удары. Если оттренировать этот способ, удар становится особо хорош. Очень важно в этом случае [немедленно] определить уровень противника.

Именуемое «связанным ударом»

Когда мы наносим удар, а противник пытается остановить его и парировать, единым движением рубим и [его] голову, руки и ноги. [В соответствии с] единым Путем длинного меча, [одним приемом] наносим удар повсеместно — это и есть «связанный удар» *(эн-но ути)*. Отрабатывай этот удар тщательно, его всегда используют в поединках. Следует постигать его непрестанно, подробно отрабатывая.

Именуемое «кремневой искрой»

Под «кремневой искрой» понимается нанесение удара противнику со всей силой, при этом нимало не поднимая свой длинный меч, в тот момент, когда ваши мечи вот-вот соприкоснутся. Напряги ноги, напряги руки и с силой трех частей — ноги, корпус, руки — наноси быстрый удар. Такой удар не освоить, не практикуясь весьма часто. Если будешь усиленно тренироваться, сможешь рубить сильно [и точно].

Именуемое «ударом красного клена»

Удар «красный клен» имеет целью сбить вниз длинный меч противника, для того чтобы повторить [удар]. [Когда] противник займет перед тобой стойку с длинным мечом, намереваясь рубить, сильно ударь по его мечу, будучи «без мыслей и без намерений» *(мунэн мусо)*, или примени удар «кремневая искра»: если нанесешь удар таким образом, с намерением опустить острие меча противника, тот непременно [его] выронит. Отработав этот удар, легко выбить [меч у противника]. Тщательно тренируйся.

Называемое «телом вместо меча»

Можно это также назвать «меч вместо тела». Когда бы ты ни наносил противнику удар, длинный меч и тело никогда не двигаются одновременно. Прежде всего, в зависимости от положения противника, при ударе меч мало зависит от тела. Хотя и бывают случаи, когда меч ударяет при полностью неподвижном теле, в большинстве случаев тело движется («наносит удар») первым, а меч — вторым. Хорошо отрабатывай рубящий удар.

Называемое «ударом» и «нападением»

Есть две [категории]: то, что называют «ударом», и то, что называют «нападением». «Ударять» — значит просто наносить любой осознанный удар. «Нападать» *(атару,)* что значит еще «приближаться с намерениями», подразумевает бросаться, [собрав] все силы, [с одной целью] — любым способом прикончить противника. «Бить» *(уцу)* — значит делать то же, но обдуманно. Следует это осмыслить. [Целишься] ли в руки или в ноги противника, — если это *атару*, то надо прежде всего нападать. После нападения можно сильно ударить. *Атару* — нападение с целью столкнуться [с противником]; хорошенько изучи это и различай оба [положения]. Для этого требуется мастерство.

Именуемое «телом короткорукой обезьяны»

Под «телом короткорукой обезьяны» подразумевается состояние, когда руки не вытягивают [вперед]. Это такой способ, при котором не вытягивают рук, чтобы дотянуться до противника, но за мгновение до того, как он нанесет удар, быстро приближают («наклоняют») [к нему] корпус. Если хотя бы подумаешь о том, чтобы вытянуть руки, корпус обязательно далеко уведет, поэтому быстро двигай корпусом на сближение. В тот самый миг, когда ваши с противником руки готовы встретиться, следует быстро двинуть вперед корпус. Отработай это тщательно.

Называемое «лаком и клеем»

Под «лаком и клеем» имеется в виду присоединиться к телу [противника] и уже не отделяться. Когда приближаешься к противнику, крепко «прикрепи» к нему и голову, и корпус, и ноги. Многие люди, даже те, кто быстро приближает голову и ноги, держат корпус в отдалении. Тесно приблизь свой корпус к телу противника, так, чтобы между ними не оставалось никакого промежутка. Этому следует усердно учиться.

Называемое «уподоблением бамбуку»

Под «уподоблением бамбуку» имеется в виду следующее: когда бы ты ни сближался с противником, не следует «сжимать» свое тело, напротив — вытягивай ноги, распрямляй поясницу, держи прямо шею и смело сближайся: встреться с противником лицо к лицу, уподобь тело бамбуку и, уподобив, с намерением победить, стань высоким, как бамбук, и сильно атакуй. Для этого необходимо умение.

Называемое «проявлением упорства»

Противник нападает, нападаешь и ты, но он парирует твои удары, — будь упорен, когда бьешь мечом по его мечу. Упорство означает то, что твой меч трудно отвести, а не то, что ты наступаешь с большой силой. Когда ты скрещиваешь мечи с противником, упорно сближаясь с ним, не имеет значения, как спокойно ты двигаешь корпус. Есть упорство, а есть запутывание, из них упорство — сила, а запутывание — слабость. Следует разделять два эти положения.

Называемое «ударом в корпус»

Ударить в корпус означает прорваться в пространство противника и нанести удар его телу. Немного поверни свое лицо в сторону, выдвинь вперед левое плечо и бей противника в грудь. В момент удара собери воедино всю свою силу, сосредоточь дух и контролируй дыхание, старайся лишить противника равновесия. Этот способ атаки очень действен (силен), с его помощью можно отбросить противника на расстояние в два или три *кэн*. Можно даже его убить. Старательно отработай этот прием.

Три способа парирования

Называемое «тремя способами парирования»: когда противник нападает, для того чтобы отвести его длинный меч, держи свой меч так, чтобы уколоть его в глаз, заставляя, таким образом, его меч уходить от тебя вправо. Далее, парируя выпад противника, сделай вид, что колешь в его правый глаз, зажимая этим его шею. И еще, когда противник наносит удар, а у тебя — короткий меч, не слишком старайся отбить его длинный меч, но сделай движение левой рукой, как будто колешь его в лицо, — таковы три способа парирования. Сожми левую руку в кулак и поступай так, как будто готов ударить им противника в лицо. В этом необходимо упорно тренироваться.

Называемое «уколом спереди»

«Укол спереди» есть метод непрерывного нанесения колющих выпадов в лицо противника, когда длина мечей у обеих сторон равная. Если намеренно применять такие выпады, противник изменит и положение головы, и положение корпуса. А когда противник принужден менять положение, возникает масса возможностей достичь победы. Хорошенько отработай эту уловку. Если в сражении у тебя будет твердое намерение заставить противника менять позицию, ты быстро выиграешь. Поэтому никогда не следует забывать о прямых уколах. В занятиях воинскими искусствами необходимо тренировать этот выгодный способ.

Называемое «уколом в сердце»

Относительно «укола в сердце»: когда в сражении ты зажат и сверху, и со сторон и нет никакой возможности рубить, противника колют. Избегая удара противника, явно покажи ему тыльную сторону своего меча, отведи его назад, держа острие неподвижным, и коли противника в грудь. В случае усталости или когда меч плохо рубит, этот способ очень хорош. Пользуйся им лишь тогда, когда хорошенько постигнешь.

Называемое «криками кацу-тоцу»

Во всех случаях, когда ты нападаешь и когда повергаешь противника, если противник будет наносить удар, делай вид, что будешь колоть снизу, а сам, напротив, подними меч и как можно быстрее и решительнее, с криком *кацу-тоцу*, нанеси удар — *кацу*, когда колешь прямо, *тоцу*, когда рубишь сверху. Это очень часто встречается в противоборствах. Этот способ *кацу-тоцу* используется с намерением уколоть противника при вертикальном движении острия меча, и в этом же ритме наносится рубящий удар, когда меч поднят. Его надо усердно отрабатывать и постигать.

Называемое «усилием воли»

Обмениваясь ударами с противником, в случае если ритм нарушился, а противник все наносит удары, собери свою волю в мече и руби. Волевое отбивание — не то, что делается с большой силой, и не то, чтобы парировать с силой. В зависимости от того, какой у противника меч, отбивай рубящий удар, но следует помнить, что быстро ударить важнее, чем быстро отбить. Отбивающий получает преимущество, а тот, у кого преимущество, должен быстро наносить удар. Если хорошо отработать ритм отбивания, то, как бы сильно ни бил противник, до тех пор пока есть намерение даже чуть-чуть отклонить его удар, острие твоего меча никогда не уйдет вниз. Следует упорно тренироваться и изучать этот прием.

Очередность нескольких противников

Очередность нескольких противников — категория для случая, когда приходится сражаться одному против нескольких человек. Вытащи оба меча и широкими движениями размахивай длинным мечом горизонтально перед собой. Даже если противники будут нападать со всех четырех сторон, можно согнать их в одну сторону. Когда они нападают, вычисли, в каком порядке, кто будет нападать сначала, а кто потом, быстро приблизься к первому, держи глаза широко открытыми, чувствуй последовательность, в которой они будут наносить удары, чтобы меч справа и меч слева скрещивались одновременно, — ждать здесь очень вредно. Быстро приведи в готовность обе руки и по мере приближения противников наноси сильные удары, парируй, сам нападай на приближавшихся, старайся их рассеять.

Что бы ты ни предпринимал, смотри на противников как на одну линию рыб, связанных воедино, и, когда увидишь, что их ряды расстроены, смело наступай и бей, не отпуская их далеко от себя. Когда противники сгрудились, нет никакой пользы в том, чтобы отступать. Также бесполезно ожидать, думая, что будешь рубить противников по мере того, как те будут приближаться. Ощути ритм нападения противников, узнай, как его нарушить, — тогда победишь. Когда только это возможно, собирай как можно более против себя и старайся согнать их в одну кучу. Когда будешь в состоянии делать это, тебе станет легко обходиться как с одним, так и с десятью или с двадцатью противниками. Внимательно изучи это и старательно тренируйся.

О принципах обмена ударами

Принципы обмена ударами — способы, с помощью которых в *хэйхо* достигают победы с длинным мечом. Я не буду описывать их в подробностях. Хорошо тренируясь, узнаешь, как побеждать. Длинный меч — то, что открывает путь к истинному *хэйхо* в целом. Такое передается изустно.

Называемое «единым ударом»

Тот, кто вошел в состояние, именуемое «единым ударом», наверняка добьется победы. Не исследуя усердно *хэйхо*, трудно достичь такого состояния. Усиленно же в этом упражняясь, приведешь сердце в соответствие с *хэйхо* и будешь побеждать в соответствии со своими устремлениями. Тщательно тренируйся.

Называемое «способом непосредственной передачи»

Именуемый так способ есть порядок обучения для становления на Истинный Путь *хэйхо* в школе *Нитэн*

Итирю. Отдавая всего себя тренировкам, следует всецело предаться *хэйхо*. Такое передается изустно.

* * *

Написанное выше — искусство [владения] мечом моей школы; в этом свитке оно изложено в самом общем виде. Запоминая, каким образом побеждают противника («человека») длинным мечом в *хэйхо*, прежде всего посредством пяти *омотэ* («внешних проявлений»), узнают пять основных позиций («стоек»); изучая Путь длинного меча, все тело станет двигаться свободно, познаешь Путь движения [своего] духа («сердца»); длинный меч станет продолжением твоих рук, корпус и ноги будут перемещаться, следуя направленности ума; станешь побеждать одного, побеждать двоих, через *хэйхо* достигнешь понимания доброго и злого; тренируйся по каждому разделу изложенного здесь, сражайся с противником, вбирай в себя одно за другим преимущества Пути, не давай отдыха сердцу, убери из сердца торопливость; временами, когда работаешь руками, помни о добродетели; с кем бы ни приходилось сталкиваться, узнавай его сердце, ибо путь в тысячу *ри* проходится шаг за шагом. Внимательно задумайся над этим; отправлять [положения] *хэйхо* — доблесть для воинского духа, вчера и сегодня — побеждать себя, завтра — побеждать слабейших, а потом — побеждать сильнейших, — именно так все и изложено в описании, причем думать постоянно следует так, чтобы [твое] сердце ни на мгновение не сворачивало с Пути. К примеру, скольких бы противников ты ни победил, если твои способы были отличными [от изложенных здесь], то это не Истинный Путь. Если достоинства этого [учения] вошли в твое сердце, ты должен стать способным в одиночку побеждать несколько десятков [противников]. Таким образом, обретя силу и мудрость искусства владения мечом, воспримешь Путь *хэйхо* для большого и единичного. Тренировка в тысячу дней известна как упражнение; тренировка в десять тысяч дней — как закалка. Все это следует тщательно изучать.

12-й день 5-го месяца 2-го года Сёхо (1645)
Синмэн Мусаси
Господину Тэрао Магонодзё

СВИТОК ОГНЯ

В *хэйхо* [школы] *Нитэн Итирю* схватка рассматривается в связи с огнем; собрав все о победах и поражениях, я описал это в свитке Огня. Прежде всего, многие люди в этом мире излишне легко представляют себе преимущества *хэйхо;* либо же они [тщатся победить] единым движением кончиков пальцев или обрести выгоду, [всего лишь] двинув кисть руки на пять *сун*[8] или три *сун;* либо же думают, что победа решится за счет того, кто быстрее двинет рукой, как если бы они размахивали веерами, верят в то, что преимущества будут у того, кто быстрее владеет *синай*[9]; они тренируют движения рук и ног, видя превосходство в их быстроте. В своем *хэйхо* я много раз был на грани победы и поражения, рисковал жизнью в поединках, отличаю жизнь от смерти и узнал Путь меча; я узнал силу и слабость длинного меча, которым бьет противник, я испытал достоинства рубящей и тупой сторон меча; я тренировался, срубая врагов, поэтому мне не приходится думать о слабостях и мелочах. Особенно когда принимаешь во внимание особенности Шести Видов Оружия, все мелочи становятся вовсе не заслуживающими внимания. Более того, в схватке, где решается твоя судьба, сражаясь один с пятью или десятью, четко знать дорогу к победе — вот Путь моего *хэйхо*. Таким образом, в одиночку побеждать десятерых или тысячей побеждать десять тысяч — какая разница здесь в достоинствах Пути?! Этому следует тщательно учиться. Однако во время повседневных тренировок собрать тысячу, десять тысяч человек и совершенствоваться на этом Пути — вещь невозможная. Но даже и в одиночку, взяв длинный меч, представляя себе тактику и умелость противников, их силу и слабость, можно обрести достоинства и мудрость *хэйхо*, достичь искусства побеждать десять тысяч человек и стать выдающимся [бойцом] этого Пути, совершенного Пути нашего *хэйхо;* если ты считаешь, что во всем мире есть лишь один, способный достичь совершенства, если тренируешься утром и занимаешься днем, непрестанно полируя свое умение, то ты один обретешь свободу и способности творить чудеса, станешь носителем сверхъестественных сил, — а это и есть то дыхание *(ики)*, посредством которого Воин *(хэй)* отправляет Закон *(хо)*.

Называемое «определением (выбором) места»

О выборе места [для схватки говорится, что] «от места зависит [исход] дня»; очень важно, чтобы солнце располагалось сзади. Если место не позволяет встать так, чтобы солнце было сзади, следует постараться оставить его у себя справа. В помещении также свет следует оставлять сзади или справа. Итак, пространство сзади должно быть открытым для использования, слева — тоже просторно, правую сторону использовать для маневров. И ночью, если можешь видеть противника, огонь должен располагаться сзади, свет — справа, — то есть позицию следует занимать такую же, как описано выше. Необходимо смотреть на противника сверху вниз, для чего стремись занять место хоть немного, но повыше. В помещении таким местом следует рассматривать *камидза* (рядом с нишей с *токонома* в месте, удаленном от входа; антоним — *симодза*). Теперь, в бою, преследуя противника, следует гнать его с левой стороны, загонять его в неудобные места, — последнее крайне важно отработать. В неудобном месте не позволяй противнику оглядеться, повернуть голову, не давай разобраться [в ситуации]. Точно так же и в помещении: гони противника на порог, к притолоке, в раздвижные *сёдзи*, на веранду или к столбам-опорам, не позволяя осмотреться вокруг. Во всех случаях преследования противника следует использовать преимущества места: где трудно ступать, где непросто размахнуться; [правильно выбранное] место помогает победе, — это необходимо тщательно освоить и практиковать.

Именуемое «тремя бросками» (сэн)

Из «трех бросков» первый — *кэн-но сэн*, когда ты делаешь первое движение в сторону противника. Второй — *тай-но сэн*, когда первое движение исходит от противника. Третий — *тайтай-но сэн*, когда движение сделали одновременно и ты, и противник. Таковы «три броска». Кроме них, других нет. Поскольку с помощью [правильно] выбранного броска можно достичь быстрой победы, в *хэйхо сэн* придается первостепенное значение. Хотя имеется масса подробностей относительно этих бросков, поскольку каждый бросок определяется данной ситуацией, пониманием сил противника, а победа достигается мудростью нашего *хэйхо*, здесь нет нужды в детальном описании.

Первый — *кэн-но сэн;* когда ты решаешь атаковать [первым], будь спокоен и совершай бросок быстро и не колеблясь; со стороны этот бросок [выглядит] сильным и быстрым, но на самом деле («на дне») оставляет тебе некоторый запас сил; также пусть твой дух будет предельно собран, ногами двигай немного быстрее, чем обычно; этим броском достигается мгновенное сближение с противником; также [в него] вкладывается вся сила; в начале, в середине и в конце твое сердце должно превосходить противника по всем меркам и силой добиваться победы в любых обстоятельствах, — все [сказанное] и есть *кэн-но сэн.*

Второй — *тай-но сэн;* когда противник бросается на тебя, делай вид, что не воспринимаешь этого всерьез, затем сымитируй слабость и, когда противник приблизится вплотную, внезапно и резко отстранись, дав ему понять, что ты бежишь; увидев, что противник ослаб, немедленно [наноси] сильный [удар] — и победишь, — это один [из подвидов] такого броска; опять-таки, когда противник стремится вперед, если ты контратакуешь его с еще большей силой, то нарушишь ритм его атаки, — и тем самым можешь добиться победы: таковы достоинства *тай-но сэн.*

Третий — *тайтай-но сэн;* когда противник с силой бросается на тебя и ты атакуешь мощно и спокойно — подпусти противника близко, бей внезапно и с единым дыханием, неуловимым для взгляда противника, и этим достигнешь быстрой и сильной победы; если же противник нападает спокойно, двигайся немного быстрее обычного, как будто тело плывет, и, когда противник приблизится, сделай обманное движение, следи за реакцией противника и победишь, — это *тайтай-но сэн.*

Трудно в подробностях писать об их значении. Все записанное здесь следует воспринимать как общие замечания о приемах мастерства. В связи с этими «тремя бросками» [следует заметить, что] преимущества разнятся в соответствии с обстоятельствами; тебе вовсе не следует обязательно и всегда нападать первым, однако в целом желательно, чтобы твой бросок был первым, чем противник будет поставлен в положение обороняющегося. В любом случае с бросками они являются средством силы и мудрости *хэйхо*, посредством которого обретается дух, [стремящийся] только к победе, — этому необходимо упорно и тщательно учиться.

Называемое «придерживанием изголовья»

«Придержать изголовье» означает не позволять голове подниматься. На Пути решающих поединков *хэйхо* бывает особенно плохо, когда [противник] заставляет тебя перемещаться, следуя его движениям. Во всех случаях противника следует свободно водить за собой. Соответственно, и противник будет это знать, и ты будешь это знать, но все это бесполезно, покуда не будешь себе представлять, что сделает [в следующий момент] стоящий перед тобой человек. В *хэйхо* останавливают удар противника, уворачиваются от выпада, уходят от столкновения. То, что называют «придерживанием изголовья», для людей, действительно вставших на Путь [*хэйхо*] моей [школы], означает при поединке с противником знать все его замыслы, что бы тот ни предпринимал, видеть то, что он еще не сделал; когда противник [собирается] нанести удар, сдержать его еще до того, как [в сознании возникнет] звук «у» от слова «удар», не позволять ему продолжать наступление, — в этом смысл [именуемого] «придерживанием изголовья». К примеру, ты должен останавливать противника при звуке «а» от слова «атака»; при звуке «б» от слова «бросок»; «р» от слова «рубить», — все сказанное здесь однотипно. Когда противник применяет против тебя прием, следует оставлять ему то, что не имеет значения, и удерживать от того, что может принести тебе ущерб; ведь особо важно в *хэйхо* — не дать противнику возможности управлять собой. Однако такое стремление постоянно сдерживать противника есть дух обороны. Прежде всего, ты должен, в соответствии с Путем, делать все [необходимые] движения и одновременно, в то время как только противник будет стараться проводить свои ходы, упреждай их, сдерживая его, чтобы все его усилия ни к чему не приводили, — манипулируй противником, ибо это и есть высшее достижение в практике нашего *хэйхо*. Приемы «придерживания изголовья» нужно тщательно отрабатывать.

Именуемое «преодолением пространства»

Под «преодолением пространства» подразумевается, к примеру, переход через море или через пролив, а также когда надо переплыть водную гладь в сорок или пятьдесят *ри*. В преходящем мире людей на протяжении жизни также бывает немало случаев, когда приходится преодолевать пространства. Управляя кораблем, зная предстоящий путь, зная тип корабля, хорошо зная погоду и степень волнения, в одиночку или с другими судами, выбрав время, превозмогая встречный ветер или подгоняемые попутным ветром, а в случае если ветер изменится, то и идя на веслах два-три *ри*, — и все это ради того, чтобы прийти в порт, — таково «преодоление пространства». Для того чтобы преодолеть человеческую жизнь, следует иметь душевные силы и решимость. В *хэйхо* и в сражении «преодоление пространства» чрезвычайно важно. Знать уровень противника, возможности собственного тела и преодолевать пространство в соответствии с принципами [*хэйхо*] — это то же, что для умелого капитана провести свой корабль по морскому пути. Преодолев пространство, можно вновь чувствовать себя спокойно. Именуемое «преодолением пространства» позволяет выявлять слабости противника и получать превосходство, а это в значительной мере делает возможной быструю победу. И в большом *хэйхо* (сражение со многими), и в малом (сражение один на один) дух преодоления пространства очень важен. Его следует глубоко постигать.

Именуемое «видением благоприятного положения»

Именуемое «видением благоприятного положения» в широкомасштабном *хэйхо* подразумевает знание моментов превосходства противника, состояние духа его войска, достоинства его позиций, понимание благоприятствующих ему условий; сосредоточься исключительно на том, как наверняка победить в соответствии с принципами *хэйхо*, и сражайся, используя упреждающие действия. Так же и в индивидуальном *хэйхо* следует знать, к какой школе принадлежит противник, видеть его человеческие черты, слабости и сильные стороны и поступать не так, как противник предполагает; следует знать [время] подъема и упадка у противника, ритм интервалов между ними и захватывать инициативу. Чем больше будет сила твоего ума, тем лучше будешь ты видеть благоприятное положение всех вещей. Когда *хэйхо* станет неотъемлемой частью твоего естества, ты начнешь точно высчитывать намерения противника и [использовать] многочисленные способы достижения победы. Следует совершенствовать свое мастерство.

Именуемое «наступанием на меч»

«Наступание на меч» — часто используемый в *хэйхо* способ. Прежде всего, в *хэйхо*, когда речь идет о больших масштабах [сражения] с использованием стрел и ружей, противник, всего вероятнее, будет наступать после того, как выпустит стрелы и ружейные [заряды], и если твоя сторона будет натягивать луки или заряжать ружья, в нужное время станет чрезвычайно трудным проведение [встречной] атаки. Дух атаки в том, чтобы провести ее в то время, когда противник ведет огонь из луков и стрел. Быстрым наступлением делаешь стрелы бессильными. Да и ружейным зарядам непросто поразить цель. Противник использует различные средства, ты же воспринимай это естественно, «наступая» на все то, что он предпринимает, — в этом дух победы. Так же и в *хэйхо* единоборства, если ты будешь отвечать ударом на удар длинного меча противника, получится [просто обмен ударами со звуком] *тотан-тотан*, и дела не будут продвигаться. Ты должен наносить удар в тот самый момент, когда его собирается нанести противник, как бы наступая на его длинный меч и не позволяя ему ударить во второй раз. «Наступать» совсем не означает — только ногами; «наступают» телом, «наступают» духом и, разумеется, длинным мечом, с тем чтобы не позволить противнику сделать второй ход. Одним словом, речь идет о том, чтобы всегда быть первым [в движении]. Хотя и говорится, что с противником надо кончать единым разом, это не означает, что следует на него бросаться; надо его подавлять. Все это необходимо тщательно усвоить.

Именуемое «знанием разрушения»

То, что называют «знанием разрушения», присуще всем вещам. Разрушаются дома, разрушаются тела, рушится противник, — когда приходит соответствующее время и нарушается [их] ритм. В *хэйхо* крупных масштабов также чрезвычайно важно преследовать его до тех пор, пока не уловишь момента разрушения его ритма. Если упустишь это мгновение его ослабления, он может восстановить [свои силы]. И в *хэйхо* единоборства наступает миг, когда противник начинает терять свой ритм и «рушиться». Если пропустишь его, он может восстановить силы, обрести свежесть, и с ним уже ничего не поделаешь.

Необходимо внимательно следить за выражением лица противника, чтобы не упустить момента «разрушения», преследовать и рубить его. Преследовать и атаковать следует со всей силой и сразу. Бей противника так, чтобы он уже не поднялся. Следует хорошенько понять значение этого удара. Без него приходится долго возиться. Надо мастерски им овладеть.

Именуемое «становлением противником»

Стать противником означает представить себе, что твое тело превратилось в противника. Взгляни на [дела, творящиеся в] этом мире, [и ты увидишь], что даже вора, забаррикадировавшегося в доме, рассматривают в качестве чрезвычайно сильного противника. Однако если поставишь себя на место противника, [то увидишь, что] он ощущает беспомощность, окружен, что все в мире — против него. Забаррикадировавшийся [вор] — как фазан, а тот, кто его стережет снаружи, — как ястреб. В этом заключен глубокий смысл. В широкомасштабном *хэйхо* о противнике думают, что он чрезвычайно силен, и придают большое значение защите, [становясь пассивными]. [Но если] имеешь достаточное количество людей, хорошо знаешь приемы *хэйхо*, представляешь, как победить противника, нет оснований для беспокойства. И в *хэйхо* единоборства следует обращаться противником. Если будешь думать, что встретился с тем, кто глубоко постиг *хэйхо*, силен в приемах Пути [воина], то обязательно будешь побежден. Изучи это тщательно.

Именуемое «высвобождением (отпусканием) четырех рук»

То, что называется «высвобождением четырех рук», [применяется в случае], когда ты и противник равны по духу и вы сражаетесь так, что никто не может победить. Когда ты понял, что силы равны, следует отбросить те способы, которые ты применял, и побеждать иными средствами. В широкомасштабном *хэйхо*, если применяется [способ высвобождения] четырех рук, этим ничего не решишь, и людские потери будут большими. Следует как можно быстрее отбросить то, что применялось ранее, и побеждать противника способами, которых он не ожидает. В *хэйхо* единоборства также, применяя способ [высвобождения] четырех рук, немедленно изменяй свое поведение, оцени уровень противника и добивайся победы посредством изменения приемов, находя самый подходящий. В них следует хорошо разбираться.

Именуемое «двиганием тени»

«Двигание тени» — способ, применяемый, когда ты не можешь понять намерения противника. В широкомасштабном *хэйхо*, когда тебе никак не удается узнать уровень противника, притворись, что собираешься провести яростную атаку, и сразу увидишь, насколько силен противник. Узнав же о его намерениях, сможешь победить с помощью различных соответствующих моменту средств. В *хэйхо* единоборства также, когда противник принял стойку с длинным мечом назад или в сторону [и ты не знаешь — что он задумал], сделай вид, что собираешься нанести удар, и длинный меч противника покажет его намерения. Узнав их, применяй соответствующие приемы, и непременно победишь. Но если промедлишь, потеряешь ритм [и будешь побежден]. Необходимо тщательно тренироваться.

Именуемое «подавлением тени»

То, что называется «подавлением тени», — это способ увидеть проявления сердца противника. В широкомасштабном *хэйхо*, когда противник применяет особую тактику, если ты явственно покажешь, что намереваешься его удержать, его стремление будет подорвано и он изменит намерения. Тогда и ты меняй приемы, вырывай у противника инициативу, и победишь. В *хэйхо* единоборства также подавляй намерения противника соответствующими средствами, навязывай свою волю, ведущую к победе, и овладевай инициативой. Для этого необходимо овладеть мастерством.

То, что называют «заставлять перемещаться»

«Заставлять перемещаться» — это содержится во всех вещах. К примеру, можно переместить сонливость или зевоту. Есть и перемещение времени. В широкомасштабном *хэйхо*, когда заметишь, что противник неспокоен, спешит в поступках, старайся предстать перед ним невозмутимым. Когда убедишь в этом противника, нападай быстро и сильно, не раздумывая («с пустым сердцем»), и сможешь победить. Так же и в *хэйхо* единоборства делай вид, что расслаблен и телом и духом, а затем, уловив слабину в противнике, быстро и сильно иди в наступление, и победишь. Есть еще похожий прием, называемый «опьянением». Это и утомление [противника], и раздражение [его], и [притворное] демонстрирование ему своей слабости, — все это требует усиленной тренировки.

Называемое «расстраиванием»

То, что называют «расстраиванием», существует во всевозможных формах. Один [из способов] — заставить [противника] почувствовать себя в опасности; другой — ощутить невозможность [своей победы]; третий — [поставить его в положение, когда] ничего нельзя предусмотреть. Все это следует тщательно изучить. В крупномасштабном *хэйхо* применяется способ расстраивания. Резко наступай на противника в тот момент, когда он не в состоянии ничего предугадать; нападай первым, когда это выгодно тебе, — это очень важно для того, чтобы победить. Так же и в *хэйхо* единоборства сближаться [с противником] следует сперва медленно, а затем быстро атаковать; не давай противнику обрести равновесие, опирайся на расстройство его духа, извлекай из этого преимущество, и достигнешь победы. Все это следует глубоко прочувствовать.

Называемое «угрозами»

Угрозы содержатся в самых разных вещах. В неизвестном всегда скрывается угроза. В широкомасштабном *хэйхо* противника можно испугать не только тем, что видимо глазу. Угрожают и исторгаемыми звуками; представляя малое большим либо внезапно нападая сбоку — все это угрозы; извлекая из этого устрашения пользу, [сбивая им противника] с ритма, ты должен победить. Так же и в *хэйхо* единоборства — угрожаешь позой, угрожаешь длинным мечом, угрожаешь голосом; делай нечто, чего противник не ожидает, причем быстро, как ветер, извлекай выгоду из этой угрозы, и обретешь победу. Этому следует тщательно учиться.

Называемое «просачиванием»

О «просачивании»: когда вы с противником сошлись, и оба наступаете весьма сильно, и ты никак не можешь на что-то решиться, оставь все как есть, «просочись» в противника, и в нем найдешь нужный способ добиться победы. И в крупномасштабном *хэйхо*, [и в *хэйхо*] единоборства, когда свои и чужие разобщены и стоят друг против друга, не решаясь сделать что-то, мгновенно «сливайся» с противником, сделай так, чтобы вас невозможно было разделить, извлекай из этого пользу *(току)*, узнай в этом состоянии, как победить, — и побеждай. Это следует изучать весьма тщательно.

Называемое «касанием углов»

То, что называется «касанием углов», относится к случаю, когда ты противостоишь большой силе, которую трудно атаковать в том виде, как она есть. В крупномасштабном *хэйхо*, хорошенько рассмотрев количество [сил] противника, можно добиться преимущества, атаковав стороны («углы») сильно выдающихся вперед [порядков]. Уничтожив силы «углов», уничтожишь и дух главных сил. Однако и тогда, когда устранены «углы», необходимо атаковать выступающие части и победить их. В *хэйхо* единоборства также, поражая «углы» тела противника, ослабляешь до какой-то степени его тело в целом, и победить становится легче. Хорошенько упражняйся в этом. Важно хорошо знать различные приемы, чтобы побеждать.

Называемое «приведением в смущение»

То, что называется «приведением в смущение», означает не давать противнику быть хоть в чем-то уверенным. В крупномасштабном *хэйхо*, находясь на поле сражения, взвесь [состояние] духа *(кокоро)* противника и посредством силы мудрости моего *хэйхо* смущай сознание противника, [как будто собираешься] двинуться туда или сюда, сделать то или это, быть быстрым или медленным; смутив и расстроив этим ритм противника, сразу поймешь, как его победить. Так же и в *хэйхо* единоборства применяй собственные уловки и всевозможные приемы, показывай, что собираешься наносить рубящий удар или колющий удар или будешь сближаться; воспользовавшись смущением противника, сможешь свободно победить, — в этом состоит дух поединка. Следует это тщательно отрабатывать.

Называемое «тремя криками»

«Три крика» — это начальный, срединный и заключительный; [обычно] выделяют эти три. В соответствии с положением издают определенный крик — это очень важно. Поскольку в крике [проявляется] храбрость, мы кричим при пожаре и в подобных случаях, кричим на ветер и на волны; крик показывает силу духа. В крупномасштабном *хэйхо* в начале сражения издается громкий крик, дабы напугать противника; в ходе сражения для поднятия духа издается низкий крик, как бы с глубокого дна; к концу победного [сражения] кричат громко и сильно, — таковы «три крика». Так же и в *хэйхо* единоборства, для того чтобы потрясти противника, непосредственно перед ударом издается крик «эй», а после него наносится удар длинным мечом. Также издают крик сразу после того, как противнику нанесен удар, — этот крик знаменует победу. Эти два называются «криками до и после». Не издают крика одновременно с [ударом] длинного меча. Если кричат во время сражения, голос должен быть низким, в соответствии с ритмом. Это следует тщательно изучить.

Называемое «смешиванием»

Под «смешиванием» подразумевается [следующая] тактика *(син):* в крупных сражениях, когда противостоят большие силы и противник силен, смешать его ряды, бросившись на один край [его войск], увидев же, что он в растерянности, немедленно переместиться и атаковать другой край; в целом это означает атаковать зигзагом. В одиночном *хэйхо* этот способ *(син)* особенно значим, когда противостоишь многочисленному противнику. Повергаешь одного, заставляешь отступать другого, вновь атакуешь с сильной позиции; уловив ритм противника, нападаешь зигзагами — то справа, то слева, атакуя в соответствии с состоянием противника. Поняв уровень противника, нападая сильно, с твердым намерением не отступать ни на шаг, обретешь способность непременно («сильно») побеждать. Когда бьешься один на один с сильным противником, опять-таки [важен] этот прием. «Смешать» означает сражаться с уверенностью, не отступать ни на шаг, — все это необходимо глубоко постичь.

Называемое «повержением»

«Повергать» означает представить противника слабым, а себя сильным и покончить с ним одним ударом. Так и в крупномасштабном *хэйхо:* если видишь, что противник малочислен, — а хоть бы их было и много, — как только он придет в смущение или падет духом, — немедленно собирай силы воедино и повергай его. Если не повергнуть его окончательно, он может прийти в себя. Следует хорошенько запомнить, что, сжав [противника] в руках, следует [не отпускать, а] повергать его. Также, когда сражаешься один на один, если противник слабее тебя («недостаточен для наших рук») или его ритм нарушен и он готов бежать, не давай ему перевести дух или даже обменяться взглядами, но повергай одним духом. Самое важное — не позволять ему хоть немного оправиться. Это следует тщательно изучать.

Называемое «изменениями — горы и моря»

Называемое «изменениями — горы и моря» означает, что, сражаясь с противником, очень вредно часто повторять один и тот же прием. Иногда приходится что-то повторять второй раз, но делать это же в третий нельзя. Применив какой-либо прием против противника и не добившись успеха, не стоит пробовать еще раз: результат будет тот же, что и в первый раз. Попробуй применить к нему что-то другое, изумить его; если и это не получится, пробуй снова что-то новое. Таким образом, когда противник ожидает горы, давай ему моря, а когда ждет моря — выдвигай горы, — таков Путь *хэйхо*. Это следует изучить весьма тщательно.

Называемое «выбиванием дна»

О том, что называют «выбиванием дна»: когда сражаешься с противником, используя все преимущества этого Пути [*хэйхо*], хотя внешне и кажется, что побеждаешь, но если в глубине души *(кокоро)* он остается непобежденным, (пусть так и не кажется со стороны), [его] глубинный дух не признает поражения. В этом случае следует немедленно изменить свой подход и сломить дух противника; необходимо сделать так, чтобы противник в глубине души признал свое поражение, — очень важно увидеть это. Это «выбивание дна» может быть проведено длинным мечом, телом, духом, а не каким-то одним способом. Когда ясно, что противник повержен окончательно, нет необходимости обращать на него дальнейшее внимание. В противном же случае надо продолжать наблюдать за ним. Если у противника сохраняется дух, его нелегко победить. И в крупномасштабном *хэйхо*, и в [*хэйхо*] единоборства следует применять тщательно отработанный способ «выбивания дна».

Называемое «обновлением»

Относительно «обновления»: когда ты сражаешься с противником и [обнаруживаешь, что] запутался в расчетах («духом») и не можешь решиться, отбрось свой [первоначальный] план *(ки)*, настрой себя на то, что начнешь что-то новое, и, обретя такой ритм, сможешь найти способ победить. «Обновление» применяется, когда ты и противник обнаруживаете себя в тупике; в этом случае немедленно меняй приемы *(син)*, ищи другие способы, и сможешь победить. В крупномасштабном *хэйхо* «обновление» в затруднительных случаях чрезвычайно важно. Посредством мудрого постижения *(тирёку) хэйхо* данное средство можно легко понять. Следует упорно учиться этому.

Называемое «головой крысы и шеей быка»

«Голова крысы, шея быка» относится к тому случаю, когда вы с противником, атакуя друг друга, обращаете много внимания на мелкие детали и оказываетесь в тупике («затруднительном положении»); в этом случае, в соответствии с Путем *хэйхо*, вспомни о «голове крысы и шее быка»: мгновенно отбрось замыкание на мелком и сразу же переключись на крупное; изменение малого на большое — одно из преимуществ *(син) хэйхо*. И обычному-то человеку следует думать о «голове крысы и шее быка», а воину *(буси)* — иметь в сердце *(кандзин)*. Нельзя забывать об этом приеме ни в крупном сражении, ни в единоборстве. Тщательно изучай этот способ.

Называемое «командир знает солдат»

«Командир знает солдат» — [понятие], относящееся к любому сражению; с применением моего видения Пути это правило *(хо)* отправляется непрестанно; пользуясь мудрой силой *хэйхо* при столкновении с противником, думай о его солдатах как о своих; обрети способность изменять [события] так, как тебе того хочется, двигать противником свободно [по своему усмотрению], как если бы ты был их командиром, а они — твоими солдатами. Для этого нужно искусство.

Называемое «отпусканием рукоятки»

«Отпустить рукоятку» имеет много значений *(син)*. Например, победить без меча либо не быть способным победить даже с длинным мечом. Все эти значения не выразить на письме. Следует упорно тренироваться.

Называемое «телом скалы»

Относительно «тела скалы»: посредством Пути *хэйхо* мгновенно становишься подобным скале; ничто не сможет поразить тебя, ничто не сдвинет тебя с места. Передается изустно.

Вышеозначенное не что иное, как изложение вещей, о которых я непрестанно размышлял в [школе] искусства [владения] мечом *Итирю*. Сейчас я впервые письменно излагаю их преимущества, поэтому последовательность начального и последующего несколько смешана, но ведь нелегко о них говорить подробно. Тем не менее для того, кто взялся изучать данный Путь, [все изложенное] должно врезаться в сердце. С молодых лет я ступил духом на Путь *хэйхо*, стал упражнять руку в искусстве [владения] мечом, тренировать тело, дисциплинировать дух самыми различными способами; я исследовал [достоинства] прочих школ — слушал, как там говорят [о теории], смотрел, как пользуются руками [на практике, и понял, что,] хотя на первый взгляд они кажутся очень хорошими, ни один из них не обладает истинным духом. Хотя, конечно, они и считают, что изучают эти вещи, тренируют свои тела и дисциплинируют дух, все это [на самом деле] наносит ущерб Пути, который в дальнейшем нелегко устранить. [Указанное стало причиной] упадка Истинного Пути *хэйхо* в мире и угасания Пути [меча]. Истинный Путь искусства [владения] мечом [состоит в том,] чтобы сразиться с противником и победить его; этот Закон будет всегда неизменным. Обретя мудрую силу моего *хэйхо* и немедленно применив ее, не будешь иметь никаких сомнений в отношении своей победы.

12-й день 5-го месяца 2-го года Сёхо [1645]
Синмэн Мусаси
Господину Тэрао Магонодзё

СВИТОК ВЕТРА

Для *хэйхо* [важно] знание Путей других школ. Поэтому я написал о прочих школах *хэйхо*, изложив все в данном свитке Ветра. Не будучи знакомым с Путями других школ, трудно постичь Путь моей [школы] *Итирю*. Изучая *хэйхо* других [школ, я увидел, что] в одних много внимания уделяется длинному мечу, в других — в основном полагаются на силу. Есть такие, [где применяют лишь] короткий меч *кодати* и этим стремятся стать на Путь. Другие изобретают большое количество *тати* [длинных мечей], учат, какую позицию с ними занимать, говорят о внешнем [положении], о внутреннем [положении] и этим стараются передать [сущность] Пути. Все это не есть Истинный Путь; в настоящем свитке я подробно разбираю эти [школы], открывая, что у них хорошо, что плохо, что достойно [заимствования], а что — нет. Достоинства Пути моей [школы] *Итирю* совершенно иные. На каждую из прочих школ влияет артистизм, они делают себя средством существования, раскрашивают себя яркими красками и украшают цветами, становясь, таким образом, предметом купли-продажи; могут ли они быть Истинным Путем? Кроме этого, в мире *хэйхо* [есть школы], в которых взгляд суживается исключительно на технике [владения] мечом; они изучают виды замахов длинным мечом, укрепляют тела и отрабатывают удар, — неужели они надеются побеждать лишь такими средствами? И те и другие определенно не есть [Истинный] Путь. Один за другим я излагаю здесь все недостатки прочих школ. Изучи это тщательно, поскольку следует постичь те достоинства, которыми располагает [школа] *Нитэн Итирю*.

Приверженность к длинным мечам в других школах

Есть школы, чрезвычайно привязанные к большому длинному мечу. Их можно рассматривать как более слабые, чем *хэйхо* моего [направления]. Причина этого в том, что в других *хэйхо* не знают принципа победы над противником («человеком») любым возможным способом и считают достоинством длинного меча возможность выиграть у него на расстоянии, — оттого они и любят длинный меч. Существует популярное выражение *иссун тэ масари*[10], но оно — для тех, кто не знает *хэйхо*. Соответственно, попытка выиграть не преимуществами *хэйхо*, а добавочной длиной [меча] есть не что иное, как слабость духа *(кокоро)*, и должно рассматриваться как искусство *(хэйхо)* слабых. Если сойдешься с противником тесно, то чем длиннее меч, тем труднее нанести удар; невозможно свободно им взмахнуть, он становится обременителен *(ка)*, так что сподручнее тому, у кого короткий меч. Хотя у тех, кому нравится длинный меч, и есть причины говорить [о его достоинствах], все это — личные пристрастия *(ри)*. Взглянув на них с позиций Истинного Пути этого мира, видишь, что это не принципы Пути. Неужели тот, у кого длинный меч короче, обязательно проиграет тому, у кого он длиннее? Или, когда [сражаешься] в месте, где ограничен сверху, снизу или со сторон, либо в случае, когда можешь пользоваться только коротким мечом, привязанность к мечу длинному — извращение *хэйхо* и неверное состояние духа *(асикигокоро)*. Сила у людей разная, [и не все могут управляться с длинным мечом]. С древности существует выражение «Большее поглощает меньшее», но это не значит, что я просто не люблю длинные мечи; просто я не люблю привязанность единственно к длинному мечу. Говоря о крупномасштабном *хэйхо*, [использование] длинного меча [можно сравнить с] большими силами, а короткого меча — с малыми. Разве не могут малые силы сразиться с крупными? Есть много примеров, когда малыми силами побеждали крупные. В моей школе *Итирю* существует сильная неприязнь к подобным настроениям. Следует это тщательно изучить.

О сильных [сторонах использования] длинных мечей в других школах

Не должно быть ни «сильных», ни «слабых» длинных мечей. Длинный меч, которым сильно взмахивают, — груб. Трудно победить одной лишь жесткостью. Опять-таки, говоря о «сильном» мече, когда рубят противника и вкладывают в удар излишнюю силу, случается так, что зарубить не удается. Так же и при учебной рубке: неверно («плохо») наносить [излишне] сильный удар. В сражении с противником никто не думает — ударить сильно или ударить слабо. Просто, когда собираешься насмерть зарубить его, дух твой не силен, но и, конечно, не слаб, — просто ты стремишься убить его. Бывают случаи, когда «сильным» длинным мечом наносят мощный удар по противнику, тогда теряется устойчивость и положение неизбежно становится неблагоприятным. Если бить по противнику [слишком] сильно, [движения] своего длинного меча становятся замедленными. Отсюда видно, что все именуемое «сильным» мечом — бессмысленно *(накиго-то)*. Так же и в крупномасштабном *хэйхо:* если имеешь много сил и собираешься провести мощное наступление, то и противник соберет крупную армию и будет сражаться решительно, — это одно и то же. Побеждать невозможно без следования принципам Пути; в моей школе мы не предпринимаем ничего бессмысленного, но, обретая мудрость *хэйхо*, исполняемся духа победы всевозможными способами. Следует перенимать это искусство.

Об использовании коротких мечей другими школами

Собираться победить с помощью одного лишь короткого меча — не есть Истинный Путь. С древних времен велось разделение [мечей] на *тати* и *катана*, то есть на длинные и короткие. В миру считается, что если человек силен и может легко размахивать длинным мечом, то ему нет нужды любить короткий. По этой причине используют все длинное: копье, алебарду. Намерения при помощи короткого меча рубить, броситься вперед, схватить противника в промежутках между замахами длинного меча бесполезны и неверны. К тому же выжидать оплошности [противника] — значит во всем занимать оборонительную позицию, когда [для противника] создается возможность направлять [тебя, — мне это] не нравится. Если же пытаться с коротким [длинным мечом] врубиться («войти») в [группу] противников, это не удастся при большом их количестве. Те, кто пользуется коротковатым [длинным мечом], испытывают трудности в бою со многими [противниками], не могут свободно проводить броски; все они занимают оборонительную позицию, [лишь] парируя [чужие] удары, — это не есть правильный Путь. [При прочих] равных [возможностях] — Истинный Путь обретения победы — это оберегать себя, разгонять противников, бросаться на них, приводить их в смятение. В крупномасштабном *хэйхо* также следуют этим принципам. [При прочих] равных [условиях] главная цель *(сэн) хэйхо* — с крупными силами броситься, как стрела, на противника и мгновенно его разбить. Люди этого мира в повседневных изучениях приемов: как отбивать [удар], как возвращать, уворачиваться или уклоняться — утверждаются на таком пути, что [в бою] их будет вести за собой противник. Путь же *хэйхо*, будучи прямым и истинным, ведет к тому, чтобы посредством правильных принципов управлять противником, заставляя его делать то, что нужно тебе. Это следует тщательно изучать.

О большом количестве длинных мечей в других школах

Большое количество длинных мечей используется для того, чтобы произвести впечатление на людей. Путь делают вещью для продажи; когда новичок *(сёсин)* видит много мечей, это глубоко на него воздействует. В *хэйхо* это презирают. Причина заключается в том, что существует масса способов зарубить человека, и они запутываются *(маёфу)*. Зарубить человека — [этот момент] ничем не заменишь. И для тех, кто знает [*хэйхо*], и для тех, кто его не знает — женщин и детей, — открывается не так уж много способов *(до)* свалить человека рубящим ударом. Если говорить о разных [приемах], то нет большой разницы — поверг ты его колющим или рубящим ударом. Собственно, раз [основным] на Пути [*хэйхо*] считается рубящий удар, то способов его нанести не может быть много. Тем не менее в зависимости от места и в соответствии с обстоятельствами, в положении, когда есть препятствия сверху или с боков, в использовании длинного меча существуют пять способов. Помимо этого, в дополнение, существуют [способы] зарубить противника, сгибая руки, наклоняя тело, раскрываясь в броске, но все это не есть Истинный Путь. При попытках его зарубить не помогут ни сгибания рук, ни наклоны тела, ни броски. В *хэйхо* моей [школы] противника побеждают прямотой и тела, и духа, угнетая его, сгибая его, подавляя его дух. Этому следует хорошенько учиться.

Использование стоек с длинным мечом в других [школах]

Ошибочно придавать основное значение приемам с длинным мечом. Становиться в позицию, как это понимается вообще, — действие, производящееся в отсутствие противника. Причина этого в том, что на Пути побед и поражений никто не может сказать: «Так было с древних времен» или «Это — современный способ» *(има-но ё-но хо)*. [Смысл] этого [Пути в том, чтобы] сделать все обстоятельства неблагоприятными для противника. Стойка не есть нечто изменяющееся в соответствии с обстановкой, но скорее предосторожности, которые предпринимаются для укрепления собственных позиций. Стойка «замок», стойка «боевая позиция» — все это подразумевает непоколебимость и твердость в случае нападения на тебя; таково непременное значение. На Пути *хэйхо* побед и поражений главное — стремиться любой ценой захватить инициативу. Занять стойку означает быть в состоянии ожидания первого движения *(саки-дэ)* [противника]. Затверди это основательно.

Путь побед и поражений *хэйхо* [подразумевает] сбивание противника со стойки, проведение действий, о которых он и подумать не может, или — смущать его, злить его, угрожать ему, приводить в смятение и сбивать с ритма; так что если говорить о победе, то [я] недолюбливаю дух оборонительный, [который присутствует в принятой] стойке. Именно по этой причине на Пути, [которым следует] моя [школа], говорят: «И есть стойка, и нет стойки» *(уко муко)*. И в крупномасштабном *хэйхо* [следует] взвесить количество сил противника, оценить поле боя, уровень и численность собственных сил, а также [степень] их боевого духа *(току)*, выстроить людей и начинать сражение — вот главное *(сэн)* в бою. Когда же инициатива у противника, а не у тебя, сражаться в два раза труднее. Принять «хорошую» стойку с длинным мечом и быть готовым «хорошо» отразить удар — то же самое, что быть забором, который неподвижен под копьями и длинными мечами. Когда бьешь противника, твой дух должен быть таким, чтобы не раздумывая наносить противнику удар хоть бы и тем же деревянным забором, выдранным из земли, как если бы то был длинный меч или копье. Все это надо хорошо и тщательно изучать.

То, на чем концентрируют внимание (мокуфу) в других школах

В зависимости от школы внимание концентрируется или на длинном мече противника, или на его руках. Либо на его лице, либо на ногах. Соответственно, если станешь концентрироваться на чем-то одном, то деформируешь дух и будешь препятствовать [истинному] *хэйхо*. Так, например, игрок в мяч, хотя и не следит постоянно за мячом, может наносить по нему всевозможные удары; ему нет нужды постоянно следить за мячом, потому что он к нему привык. Опять-таки, умелый жонглер, привычный к своему Пути, может удерживать на своем носу створку двери или жонглировать мечами. Он способен делать это, не концентрируя внимание на том, что удерживает или чем жонглирует, поскольку привык к ним и может их видеть не глядя. Так и на Пути *хэйхо*, если ты привык сражаться с противниками, если изучил подъемы и спады *(кэйдзю)* человеческого духа, если исполняешь [должное] на Пути, то сможешь видеть [внутренним взором], далек или близок меч [противника], быстро [он движется] или медленно. Концентрация внимания в *хэйхо* в принципе подразумевает взгляд, измеряющий душевное состояние противника. Так же и в крупномасштабном *хэйхо* — это взгляд, оценивающий численность врагов. Что касается «оценивания и видения» *(канкэн)*, то оценивающим глазом видят дух противника, видят поле боя, видят все в целом, всю ситуацию сражения, слабости и силу обеих сторон и самый быстрый способ обрести победу. В малом и большом *хэйхо* не следует концентрировать внимание на малом. Как я указал выше, при концентрировании на незначительном забывают обращать внимание на большое, а это уводит сознание в сторону, и упускается верная победа. Следует тщательно изучать это положение *(ри)* и тренироваться.

Об использовании ног в других школах

Существует много способов движения ногами: всплывающий шаг, летящий шаг, прыгающий шаг, топающий шаг, боковой шаг и прочие. Все они, с позиции моей [школы] *хэйхо*, представляются недостаточными. Я не люблю всплывающий шаг по той причине, что в бою он делает шаги легкими как раз в тот момент, когда они должны быть твердыми. Мне также не нравится летящий шаг, потому что к нему легко привыкнуть. Летящий шаг нехорош, так как его нет надобности применять постоянно. Прыгающий шаг основан на намерении броситься и проводится очень быстро. Топающий шаг называют также «ждущим» — я его особенно не люблю. Есть много других способов перемещения, включая боковой шаг. Существует много разных мест — болота, ручьи, горы и реки, каменистые равнины, узкие тропы, где невозможно использовать летящий или прочие быстрые шаги, если намереваешься зарубить противника. В моей [школе] *хэйхо* нет различий в способах перемещения («ногах»), — все делается точно так же, как когда идешь по обыкновенной дороге. Мы следуем ритму противника, принимая нужное положение тела, когда он спешит или медлителен, — не чрезмерно и не недостаточно, но постоянно контролируя свои ноги. И в крупномасштабном *хэйхо* очень важен момент передвигания ногами. Причина этого в том, что если поспешишь атаковать противника, не зная его намерений *(син)*, то можешь потерять ритм и победить будет нелегко. Точно так же, если движения ног будут медленными, то можешь не уловить момент, когда противник смешается, и упустишь победу и не сможешь добиться ее быстро. Вовремя замечай смущение противника, не давай ему прийти в себя — в этом залог *(канъё)* победы. В этом следует тщательно упражняться.

Использование скорости в других школах

Скорость в *хэйхо* не есть Истинный Путь. [Понятие] скорости, то есть быстрее или медленнее, [появляется, когда] не соответствуешь ритму вещей. [Движения] мастера Пути не выглядят быстрыми. Например, есть скороходы, покрывающие за день 40 или 50 *ри*[11]. Это не значит, что они мчатся с утра до вечера. Неумелый скороход будет бежать весь день и тем не менее не покроет большого расстояния. И на Пути искусства *(ранбу)*, когда умелый певец поет вместе с неумелым, то последний ощущает себя отстающим и начинает спешить. Опять-таки, когда неумелый барабанщик пытается сыграть на инструменте спокойную мелодию *Оимацу*, он чувствует, что отстает. Есть [песни, такие как] *Такасаго*, которые исполняются быстро, но и их не играют слишком скоро. Говорят — быстрота не идет впрок, поскольку не совпадает [с ритмом вещей]; разумеется, промедление также вредно. То, что делает мастер, выглядит неспешным, но и своевременным. Все исполняемое опытным человеком делается без суматохи. Посредством этих сравнений постигай принципы Пути. Спешка особо нехороша на Пути *хэйхо*. Причина в том, что в некоторых местах, таких как болота, трудно быстро двигать ногами и [перемещать] тело. И быстро рубить длинным мечом невозможно. Скоро можно размахивать только веером или коротким мечом. Хорошенько запомни это разделение. И в крупномасштабном *хэйхо* плохо спешить и суетиться. Поступай, как будто укладываешь подголовник, и никогда не опоздаешь. Опять-таки, если противник спешит, старайся сдерживаться и будь спокоен, чтобы он не смог тобою управлять. Эти приемы и умения требуют тщательных упражнений.

То, что в других школах называют внутренним и внешним

В том, что относится к *хэйхо*, все — внешнее и ничто не внутреннее. Относительно искусств часто говорят о «глубинном смысле» *(гокуи)*, о «тайной передаче [мастерства]» *(хидэн)* или о «вступлении в дальнее [сокровенное]» *(окугути),* однако в действительной схватке с противником никто не сражается «внешне» и не рубит «внутренне». Обучение в моей [школе] *хэйхо* [происходит так]: новичку, только что вступившему на Путь, объясняются приемы, которые он может быстро освоить; то же, что сложно, преподается ему постепенно, одно за другим, когда становится видно, что он готов воспринимать. Тем не менее, поскольку большинство того, чему я обучаю, проистекает из непосредственного опыта, в учебе нет того, что называется «передачей новичкам». Точно так же в этом мире, когда уходишь в глубь гор и хочешь забраться в самую их глубину, в конечном счете снова выходишь наружу. И так на всех Путях: желая проникнуть вглубь, выходишь наружу. Относительно принципов боя — что можно открыть и что можно скрыть? Поэтому при передаче [учения] своего Пути я не люблю ни клятв, ни наказаний; поняв способности восприятия *(тирёку)* человека, собравшегося изучать Путь, я сразу начинаю объяснять ему этот Путь, помогать избавиться от ложных моментов «Пяти Путей», «Шести Путей» *хэйхо*, способствовать их становлению на собственный, Истинный Путь воинского закона, укреплению их духа, в котором бы не было сомнений, — таково обучение в моей [школе] *хэйхо*. Следует серьезно в этом упражняться.

* * *

Выше, в свитке Ветра, я описал в девяти разделах *хэйхо* других школ; хотя техники всех школ можно было бы описать от мелкого до крупного, я специально не стал делать этого, а также называть их по именам. Причина этого в том, что взгляды на каждую школу, описание их Путей разнится в зависимости от сознания каждого человека, даже в одной и той же школе; ради будущего я уклонился от описания их сути; я разделил остальные школы на девять групп, и если рассматривать их с обыденных *(ё-но нака)* позиций с точки зрения принципов непосредственного Пути, то станет понятно, что те, кто опирается на длинный меч, те, кто [считает основным] принципом [меч] короткий, те, кто разделяет сильное и слабое, те, кто смотрит на общее или на мелочи, — все они придерживаются неверных («странных») Путей, так что, хотя я и не говорил об «открытом» и «сокрытом» прочих школ, их суть понятна всем. В моей [школе] *Итирю* нет различий на «явное» и «сокровенное» в отношении длинного меча, нет никаких тайных позиций. Самое важное в *хэйхо* — сохранять в сердце его добродетели.

12-го дня 5-го месяца 2-го года Сёхо (1645)
Синмэн Мусаси
Господину Тэрао Магонодзё

СВИТОК ПУСТОТЫ

В этом свитке Пустоты изложен Путь *хэйхо* школы *Нитэн Итирю*; значение [иероглифа] *ку* (пустота) — отсутствие всех вещей; *ку* — это то, чего нельзя узнать. Разумеется, *ку* — это пустота. Зная то, что есть, узнаешь то, чего нет, — это и есть *ку*. [Простые люди] в этом мире, увидав что-либо непонятное и не будучи в состоянии его опознать, называют это *ку*, однако это не есть истинное *ку*, они ошибаются. Так же и на этом Пути *хэйхо*, если отправлять [требуемое] на Пути, как *буси* (воин), но не знать воинских законов, — это не *ку*; это всевозможные заблуждения, из-за которых хотя и говорят — это *ку*, но это не истинное *ку*. *Буси* правильно воспринимает Путь *хэйхо*, обретает умение в прочих воинских искусствах, знает, как отправлять Путь, ни в чем не ошибаясь и не допуская искажений в душе, не ленясь никогда — ни утром, ни вечером, совершенствуя дух и разум, оттачивая зрение и интуицию, никогда не хмурясь, всегда разгоняя облака заблуждений, — поэтому он знает, что есть истинное *ку*. Тот же, кому неизвестен Истинный Путь — будь он сторонником Закона Будды или каких других учений мира, думает, что именно его Путь и есть правильный; однако, если посмотреть на это хорошенько, с сознанием неискривленного Пути, в свете того, что действительно происходит в мире, [увидишь, что все это —] отклонение от Истинного Пути по причинам извращенности сознания и от неверных взглядов. Овладев таковым сознанием, будучи прямым [в намерениях], на Пути истинного духа, свободно («широко») отправляй *хэйхо;* понимай все правильно, отчетливо и широко, сделай *ку* своим путе[водителем], а Путь рассматривай как *ку*.

В *ку* есть добро и нет зла; есть мудрость, есть достоинства, есть Путь; сердце (сознание) есть *ку*.

12-го дня 5-го месяца 2-го года Сёхо (1645)
Синмэн Мусаси
Господину Тэрао Магонодзё

Примечания

[1] *Миямото Мусаси* (1584–1645) — мастер фехтования и художник эпохи Эдо (1600–1868), известный также под псевдонимом Нитэн. Родился в Мимасака (в настоящее время префектура Окаяма) либо, по другим сведениям, в Харима (префектура Хёго).

Подобно многим самураям, чьи хозяева сражались на проигравшей стороне в битве при Сэкигахара в 1600 году, Мусаси был *ронином* (самураем без господина). Он разработал метод *ниторю* — фехтования одновременно двумя мечами и, по своему собственному свидетельству, вышел победителем в 60 поединках за время своих продолжительных путешествий по Японии. В 1637 году он сражался на стороне *сёгуната* Токугава при подавлении восстания в Симабара, а в 1640-м стал наставником по фехтованию при семействе *даймё* Хосокава в Кумамото. Его книга о владении мечом *Горин-но сё* считается классическим пособием. По легенде, он написал ее в горной пещере в 1643 году и передал своему ученику на смертном одре. Книга состоит из пяти разделов: Земли, Воды, Огня, Ветра и Пустоты — в соответствии с пятью элементами, формирующими Вселенную, по буддийским представлениям. В каждом из разделов описывается один из аспектов фехтовального искусства; раздел Воды, например, повествует об одежде, позах, положении ног и прочих технических деталях, в разделе Огня говорится о взглядах автора на душевное состояние бойца на мечах и т. д.

Мусаси был также весьма известным художником в стиле *суйбоку* и каллиграфом. Его изображения орлов, сорокопутов, Хотэя (одного из семи божеств удачи) и Бодхидхармы (патриарха дзэн-буддизма) характеризуются прямолинейностью и остротой линии кисти, отражая его занятия дзэн. Самая известная его картина «Сорокопут» *(Кобоку мэйгэгидзу)* выставлена в музее Нагао города Канагава. Свершения Мусаси нашли выражение в массовой литературе, включая пьесу *кабуки,* написанную Цуруя Намбоку. В современный период история его жизни стала основой бестселлера Ёсикава Эйдзи.

[2] Слова в прямых скобках [...] добавлены для связности текста; в круглых (...) после буквального перевода приведено более подходящее слово или вариант перевода; в круглых скобках с кавычками («...») — буквальный перевод предыдущего слова.

[3] В широком смысле термин обозначает «Воинское Учение», «Воинский Закон»; в узком — «искусство владения каким-либо видом оружия».

[4] *1 кэн* — 1,81 м.

[5] *Оби* — длинный матерчатый пояс.

[6] Здесь: чередование твердого и мягкого, короткого и длинного, быстрого и медленного и т. п.

[7] В соответствии с положением меча центр сосредоточения («сердце») также изменяет место.

[8] *1 сун* — 3,03 см.

[9] *Синай* — тренировочный бамбуковый меч.

[10] *...иссун тэ масари* — буквально: «преимущество в 1 *сун*».

[11] *1 ри* — 3,927 км.

ДАЙДОДЗИ ЮДЗАН
(СИГЭСКЭ)[1]

Сборник наставлений на воинском пути

(Будо сёсин-сю)

ГЛАВА 1

Вступление

Тот, кто является самураем, прежде всего должен держать в уме — днем и ночью, с утра, когда он берет свои палочки, чтобы съесть новогодний завтрак, и до ночи старого года, когда он оплачивает все годовые расходы, — тот факт, что ему предстоит умереть. Это главное его занятие. Если он будет всегда помнить об этом, то сумеет прожить в соответствии с Путями Преданности и Сыновней Почтительности, избежит множества зол и искривлений, освободится от болезней и смущений и, более того, насладится долгой жизнью. Он будет также приятным человеком со многими достойными чертами характера. Ибо существование непостоянно, как вечерняя роса и утренний заморозок; особенно же неопределенна жизнь воина, и если он думает, что способен умиротворить себя мыслью о вечном служении своему господину или непрестанной привязанностью к своим родным, [то следует помнить:] вполне может произойти нечто, что заставит его пренебречь долгом в отношении к господину и забыть об обязанностях к своим родителям. Но если он просто решит жить сегодня, не заглядывая в завтра, так что, представ перед господином для получения приказа, он будет считать это своим последним перед ним появлением, а глядя в лица родных, будет чувствовать, что более никогда их не увидит, тогда его долг и привязанность к ним станут полностью искренними, а его сознание — в гармонии с Путями Преданности и Сыновней Почтительности.

Если же он не будет сохранять в уме [мысли о] смерти, то станет небрежным и подверженным разбросанности; примется говорить вещи, оскорбительные для других и вызывающие споры, и пусть [сразу] на это и не обратят внимания, все может открыться, а в случае если кто-либо возмутится, возникнет ссора. Затем, если он поедет в места развлечений и удовольствий полюбоваться на виды в людных местах без нужных приготовлений, то может столкнуться с другим таким же большим дураком и затеять ссору еще до того, как осознает это, и даже быть убитым, так что в происшествие будет замешано и имя его господина, а его родители и родственники подвергнутся упрекам.

И все эти несчастья могут возникнуть оттого, что он забыл о необходимости постоянно держать в мыслях [образ] смерти. Тот же, кто об этом не забывает ни когда говорит сам, ни когда отвечает другим, будет всегда тщательно взвешивать каждое слово, как и подобает самураю, и никогда не ввяжется в бессмысленный спор. Также он никогда не позволит никому затащить себя в неподобающие места, где можно неожиданно попасть в неудобное положение, и поэтому избежит зол и смущений. И высшие, и низшие, когда забывают о смерти, становятся весьма склонными к нездоровым излишествам в пище, сакэ и женщинах, почему и умирают неожиданно рано от болезней почек и раздражения; однако, даже когда они еще живут, их болезненность делает их бесполезными для всех. Те же, кто постоянно держит смерть перед глазами, — сильны и здоровы в молодости, а поскольку они заботятся о своем здоровье и умеренны в еде и питье, избегают путей, [на которых встречаются с] женщинами, будучи воздержанны и скромны во всех делах, то остаются свободными от болезней и проживают долгую и здоровую жизнь.

Кроме того, тот, кто долго живет в этом мире, может развить [в себе] все виды желаний, а его скупость возрасти так, что он возжелает принадлежащего другим и не будет в силах расстаться со своим добром и станет, по сути, простым торговцем. Если же он будет постоянно глядеть смерти в лицо, то мало привяжется к материальным вещам и не станет культивировать такие «хватательные» и «держательные» свойства, а обретет, как я уже писал выше, прекрасный характер. Говоря же о созерцании смерти, следует вспомнить, как Ёсида Кэнко в *Цурэдзурэгуса*[2] писал о монахе Синкай, который имел обыкновение сидеть дни напролет, размышляя о своей кончине; несомненно, для затворника — это весьма достойное времяпрепровождение, но отнюдь не для воина. Ибо в этом случае ему пришлось бы отвратиться от своих воинских обязанностей, от пути преданности и сыновнего долга и постоянно быть занятым собственными делами — как частными, так и общественными. Тем не менее, когда только у него появляется свободное время, которое можно провести в спокойной обстановке, ему следует тут же обратиться к вопросу о смерти и тщательно его обдумывать. Разве не записано, что Кусуноки Масасигэ заклинал своего сына Масацура постоянно держать смерть перед глазами? Все это — для наставлений юным самураям.

Образование

Поскольку самураи стоят выше трех остальных классов общества и облечены обязанностями управления, им непременно следует быть хорошо образованными и иметь широкие знания о причинности всех вещей. Однако в период гражданской войны молодой воин уходил на битву в возрасте пятнадцати или шестнадцати лет и поэтому был вынужден начинать свое военное образование лет в двенадцать-тринадцать. Так как у него не было времени, чтобы сесть с книгой или взять в руки кисть, он зачастую был совершенно необразован. Собственно, в те дни было много самураев, не умевших написать и одного китайского иероглифа. Таким образом, то ли от отсутствия у них самих должных наклонностей, то ли от неверных наставлений родителей, в этом направлении ничего не предпринималось, поскольку вся жизнь целиком была посвящена Пути воина. Теперь же, когда в стране воцарил мир, родившиеся в самурайских семьях безразличны к военной тренировке; нет и речи о том, чтобы их принуждали начинать воинскую карьеру в возрасте пятнадцати или шестнадцати лет, подобно воинам прежних дней. Поэтому лет в семь-восемь, когда он еще растет, мальчик должен быть ознакомлен с *Четырьмя Книгами* и *Пятью Классиками*[3], обучен каллиграфии, дабы запомнить написание иероглифов. Затем, когда ему исполнится пятнадцать или шестнадцать, можно начинать практиковаться в стрельбе из лука и верховой езде, а также прочим воинским искусствам, ибо таков способ воспитания сыновей самурая во времена мира. В этом случае безграмотности нет оправдания, как это было с воинами в период гражданских войн. Также нельзя упрекать в недостатке образованности и самих детей. Все это полностью вина небрежных и незнающих родителей, которые недостаточно привязаны к своим отпрыскам.

Долг перед родителями

Самураю следует основывать свое поведение на верности долгу перед родителями. Каким бы способным, умным, красноречивым и красивым ни был рожден человек, если в нем отсутствует сыновняя почтительность, то он ни к чему не годен. Ибо *бусидо* — Путь воина — требует от него правильного поведения во всем, поскольку если отсутствует различение вещей, то не будет осознания того, что есть правильно, [а что — нет]. Тот же, кто не знает, что верно, не может быть назван самураем. А тот, кто располагает полным внутренним осознанием, понимает, что родители — причина его существования, а он часть их плоти и крови. И именно склонность преувеличивать ту часть, которой являемся собственно мы, вызывает иногда у нас пренебрежение к части исходной, родительской. Это недостаток различения очередности причины и следствия. Теперь в отправлении сыновнего долга просматриваются две разновидности. Первая — это когда отношение родителя достойное, когда он обучает своих детей с искренней добротой и оставляет им всю свою собственность, включая доход выше среднего, оружие, лошадиную сбрую, домашнюю обстановку, а также устраивает им хорошую свадьбу. Когда такой родитель уходит на покой, нет ничего достойного удивления или похвалы в том, что его дети будут ухаживать за ним и обращаться со всевозможным почтением. Мы бываем очень по-доброму расположены даже к совершенно постороннему человеку, если он наш близкий друг и в чем-то ущемляет себя, чтобы быть нам полезным, — в этом случае и мы делаем для него все, что можем, хотя это иногда и противно нашим интересам. Насколько же более глубокой должна быть привязанность, если речь идет о родителях! Таким образом, сколько бы мы ни делали для них в качестве их детей, мы все равно будем ощущать, что, как бы хорошо мы ни исполняли свой сыновний долг, этого все равно недостаточно. И все это обыденная сыновняя почтительность, в которой нет ничего примечательного. Если же родитель не добр, но стар и капризен, то постоянно нудит, напоминая о том, что все домашнее имущество принадлежит ему, сам не дает детям ничего, но, не думая об ограниченных средствах семьи, постоянно и назойливо требует различную еду, напитки и одежду. И не только это; встречаясь с разными людьми, он обязательно скажет что-то вроде: «Этот мой проклятый сын неблагодарен, так что мне приходится постоянно мириться со всякими неудобствами. Вы даже не можете себе представить, какие неприятности я претерпеваю в старости», разнося этим дурную славу о своих детях среди посторонних. Однако даже такой сварливый родитель должен почитаться, как родитель; его плохой характер — ублажаться, а его возрастные немощи прощаться; к ним следует относиться со снисходительностью, не выказывая ни малейшего признака недовольства. Ибо напряжение всех своих сил ради такого родителя и есть настоящая сыновняя почтительность. А самурай, обладающий подобным духом, когда он поступает на службу к господину, глубоко осознаёт Путь преданности и будет выказывать его не только в дни процветания его хозяина, но и тогда, когда для того наступят трудные времена, и не оставит его, когда сотня всадников уменьшится до десятка, а этот десяток — до одного, но будет защищать его до конца, не заботясь о своей жизни при отправлении долга верности. Итак, хотя слова «родитель» и «господин», «почтительное поведение» и «преданность» различны, по значению они совпадают. Есть древнее выражение: «Ищи преданного подчиненного среди почтительных»; неразумно поэтому считать, что если человек непочтителен к своим родителям, то он тем не менее может быть преданным своему господину. Ибо, если кто-либо не способен исполнять свой сыновний долг к родителям, от которых произошел, очень маловероятно, что он будет преданно служить господину, не являющемуся его родным, из чистой благодарности. Поступив на службу, такой непочтительный сын будет порицать всякий недостаток своего хозяина, а когда с чем-либо не согласится, то отбросит всю свою верность и ускользнет в самый критический момент или предаст своего господина, сдавшись противнику. Во все времена были случаи такого бесславного поведения, которого следует с отвращением избегать.

Обряды самураев

В *бусидо*[4] есть два разделения и четыре группы. Два первых — это обычное и чрезвычайное, причем обычное подразделяется на две группы: для официальных лиц и солдат, а чрезвычайное — на армию в [мирное время] и в сражения. Что касается группы самураев — официальных лиц, то им следует мыть руки и ноги вечером и утром, а также принимать горячую ванну, поддерживая себя в чистом состоянии. Самурай должен укладывать свои волосы каждое утро и правильно состригать их со лба. Затем, он должен всегда носить одежду, соответствующую случаю, а также, разумеется, два своих меча вместе с веером за поясом. Принимая гостя, ему следует соблюдать этикет в соответствии со своим рангом и избегать пустых разговоров. Даже принимая чашу с рисом или чашку чая, он должен делать это правильно, без замедленности, но и не суетливо. Если он несет службу в месте, которое предоставляет некоторую свободу для отдыха, то ему не следует болтаться бесцельно, но нужно читать и практиковаться в письме, обогащая свою память историями древности и обычаями воинских домов, — короче говоря, вести себя достойно во все времена, дабы его манеры были всегда самурайскими.

Далее идет группа солдат. В ней внимание уделяется упражнениям в фехтовании, с копьем, верховой езде, стрельбе из лука, а также всему прочему, относящемуся к воинским искусствам, что следует глубоко изучать и практиковать так, чтобы все они были дисциплинированны и решительны. В случае если две эти установки для самураев и солдат будут хорошо осмыслены, обычное разделение можно считать полным, каковое и будет представляться всем людям вполне достаточной основой для хорошего воина или чиновника. Но самурай — ответственное лицо в чрезвычайных обстоятельствах, и, когда в стране наступают беспорядки, он должен отставить в сторону свой повседневный образ жизни и служить у своего господина, который превращается в командира, чьи старшие и младшие подчиненные становятся офицерами и солдатами. Тогда все откладывают в сторону свои церемониальные одежды, облекаются в доспехи и берут в руки оружие, чтобы наступать на вражескую территорию; и именно различные способы устраивания дел в подобных кампаниях называются правилами воинского поведения, и это следует знать. Затем идут правила ведения сражений, под которыми подразумевается способ руководства армией, входящей в соприкосновение с силами противника с целью проведения битвы. И в случае, когда все идет по плану, получается победа, а если нет, то поражение. В этом также заключено немало секретов, которые следует [для себя] открыть. Первоклассным же самураем можно назвать того, кто искусен во всех четырех группах этих двух разделений. Имеющие опыт лишь в двух группах обычного могут вполне удовлетворительно исполнять обязанности среднего управляющего, но ни один из тех, кто не разбирается в группах чрезвычайного, не сможет стать командующим или старшим офицером, как, например, *моногасира* или *бугё*. Таким образом, очень важно, чтобы все самураи поняли, что им не удастся подняться на высшие посты без глубокого изучения чрезвычайного разделения.

Никогда не забывать о наступательном духе

Чрезвычайно важно, чтобы самурай никогда и ни при каких обстоятельствах не лишался наступательного духа. Ибо наша страна отличается от остальных земель тем, что даже последний из людей, крестьян, ремесленников и торговцев, всегда хранит какой-нибудь заржавленный клинок, в чем проявляется воинский дух Великой Японии. Три класса [из вышеуказанных] не являются солдатами по профессии, однако в военных семьях принято, что даже последний самурайский слуга никогда ни на мгновение не расстается с коротким мечом. И уж разумеется, высшее самурайство всегда носит свои перевязи. Некоторые же, самые приверженные, надевают тупой или деревянный меч даже тогда, когда принимают ванну. Если так принято в помещении, то насколько же обязательно, когда кто-либо оставляет его, куда-то отправляясь, поскольку на пути можно встретить пьяницу или другого дурака, который внезапно завяжет ссору. Есть старая поговорка: «Выходя из своих ворот, веди себя так, как если бы в твоем поле зрения находился враг». Таким образом, будучи самураем и нося на поясе меч, человек никогда не должен забывать о духе наступления. В таком случае его сознание будет прочно привязано [к мысли о] смерти. Тот же самурай, который не культивирует подобный агрессивный дух, даже если он и носит на боку меч, есть не кто иной, как крестьянин или торговец в самурайском обличье.

Самурай-затворник

С древнейших времен среди самураев существует обычай становиться отшельниками, и действительно, между ними существует много общего. К примеру, среди дзэнских монахов есть те, кого называют *дзосу* и *сюдза*, — обыкновенные «бритоголовые» того же ранга, что и обычные сподвижники воинского сословия, — простые и обыкновенные солдаты подразделений. За ними следуют *танрё* и *сэйдо,* рангом выше, которые в большей или меньшей степени соответствуют *мэцукэ* (чиновнику тайного надзора) либо капитану охраны или пехотному капитану в среде самураев. Затем, среди затворников есть те, кого называют *тёро* или *осе,* и они носят разноцветные одеяния, а в руках посох с хохолком; обычная толпа подчиняется им точно так же, как это бывает в случае с командующим самураями пехоты, либо — шести *бугё* лучников, имеющих право на собственный штандарт, накидку и жезл, отдающих приказы армиям и командующим в полевых условиях.

Лишь в сфере учености эти общины затворников значительно превосходят самураев. Причина этого состоит в том, что таков путь обычных монахов — оставлять своих учителей и странствовать по стране от одного монастыря к другому для обучения и ради того, чтобы встретиться со многими выдающимися учеными людьми, а также укрепить свои достоинства, практикуя добродетельность и созерцание. И когда они становятся *танрё* и *сэйдо,* или даже *тёро* и *осе,* и превращаются в настоятелей великих храмов и монастырей, то ни в малейшей степени не стыдятся продолжать свои ученые занятия и разыскания ради того, чтобы быть достойными для дальнейшего продвижения вверх.

Мне хотелось бы видеть подобное и среди самураев, но даже самый обычный из них, без должности, занятый лишь иногда и имеющий немало свободного времени, получает довольно неплохой доход и хорошо обеспечен всем необходимым для жизни, так что те, кто еще молод, заводят жену и детей, и их единственным занятием бывает утренний и полуденный сон. Они не изучали даже двух групп обычного порядка самураев, а уж тем более не знают ничего о более трудном для понимания чрезвычайном порядке и потому продолжают проводить месяцы и годы своей жизни в праздности, покуда их бороды не седеют, а головы не лысеют. Затем, когда они достигают приемлемого возраста, их назначают на освободившуюся должность, а в случае если им приходится исполнять обязанности *цукаибан*, или посланника, они немедленно от этого отстраняются, воспользовавшись помощью какого-либо учебного заведения; если же их посылают в какую-то отдаленную провинцию, они приходят в волнение и смущение от необходимости подготовиться к путешествию; когда же им действительно приходится исполнять свои обязанности, они едва в состоянии это делать, всецело полагаясь на инструкции от вышестоящих и заимствуя справочные книги, — такое положение вещей не может быть сочтено долженствующим. Ибо, поскольку обязанности самурая практически все фиксированы, ему следует оценивать их лишь тогда, когда нечего делать, а в случае если он встречает человека со способностями и опытом, нужно оставить бессмысленные разговоры и стараться выспросить у него то, в чем, по его мнению, ему требуется совет. Ему следует ознакомливаться со всеми фактами, собирать и переписывать старые книги и планы, чтобы быть в курсе своих обязанностей в полной мере, и тогда, когда бы и что бы ему ни было приказано сделать, это станет нетрудно. Если же полагаться на старших и коллег в добывании сведений и исполнять обязанности с их помощью, то в случае с обычными людьми это может и сойти, однако иногда, когда происходит нечто необычное, можно не получить никакой поддержки, и тогда — хорошо это или плохо — приходится рассчитывать лишь на свои способности в решении вопроса. А инспектору вооруженных сил приходится знать все о таких вещах, как численность противника, лучшие места для лагеря и расположения войск, преимущества и слабости географического положения и шансы на победу, так что с древних времен эта должность считалась трудной. Тем не менее, если инспектор допустит просчет, дело, вероятнее всего, закончится лишь его позором, тогда как те, кто занимает должности выше командующего пехотой *(асигари таисё)*, держат в руках командирский жезл и непосредственно распоряжаются войсками, отвечают за жизни всех людей в своих армиях. Поэтому самое недостойное — принижать эти важные командные посты, важничая причастностью к ним, но не располагая в то же время нужными знаниями или способностями.

Это положение будет подобно тому, как если бы дзэнский монах, пренебрегавший занятиями в молодости, всего лишь благодаря своей лысой голове и преклонному возрасту был возведен в ранг *тёро* или *осе*, носил бы пышные одеяния и посох с хохолком и распоряжался бы большим количеством приверженцев. Однако, случись этому недостойному монаху возвыситься неверными путями до такого уровня, он станет посмешищем для всей общины, будет публично пристыжен и принужден к отставке, так что не сможет принести особого вреда сообществу. Совсем же другое дело — самурай, назначенный на соответственно высокий пост и совершенно не способный толково распоряжаться, ибо он подвергает опасности жизни тех, кто находится в его подчинении, и может причинить очень большой вред. Посему им необходимо упорно учиться, когда только у них выпадает свободное время, дабы обрести глубокие знания об армейских делах и сражениях, ибо как занятия, так и практика чрезвычайно важны для тех, кто занимает высшие командные посты.

Правильное и неправильное

У воина должно присутствовать глубокое понимание этих двух качеств. Если он знает, как отправлять первое и избегать второго, то поистине привержен *бусидо*. Правильное и неправильное — не что иное, как добро и зло, ибо, хотя я и не стану отрицать, что между двумя наборами понятий существует определенная разница, однако поступать правильно и делать добро трудно и считается утомительным, тогда как поступать неправильно и творить зло — легко и увлекательно, поэтому естественно, что многие склоняются к неправильному и злому, недолюбливая правильное и доброе. Но быть столь неустойчивым и не делать различия между правильным и неправильным противно здравому смыслу, поэтому всякий, кто понимает эту разницу и все же творит неверное, не есть настоящий самурай, но грубый и необразованный человек. Причина же тому — в малой способности к самоконтролю. Хотя, возможно, это звучит не так уж плохо, но, дойдя в своих поисках до истока, мы увидим, что возникает она из трусости. Вот почему я утверждаю, что для самурая сущностно необходимо устраняться от неправильного, стремясь к тому, что правильно.

Далее, существуют три степени правильных поступков. К примеру, человек отправляется в путешествие и у него есть сто *рё*[5] золота, которые он, не желая брать с собой, оставляет у соседа до тех пор, пока не вернется. И он уезжает, не сказав об этом никому. Затем, во время путешествия, он внезапно заболевает от переедания, или от удара, или от чего-то другого и умирает, так что не остается никого, кто знал бы о деньгах. Тем не менее тот, другой человек из одного лишь чистого сочувствия и сострадания и без единой злой мысли немедленно сообщает обо всем родственникам умершего и возвращает им все деньги. Именно это человек, поступающий правильно. В другом случае предположим, что человек, отдавший деньги, имел очень мало знакомых и не был ни с кем особо близок, так что никто не знал о том, что он оставил, уезжая, и тем более никто не стал наводить никаких справок. Также, если другой не был особо обеспечен, то мог бы посчитать случившееся подарком небес и счесть, что не будет никакого вреда, если он никому ни о чем не расскажет и оставит деньги у себя. Но внезапно после этого его охватит стыд за такие дурные мысли, и он немедленно отбросит все подобные намерения и вернет деньги. Все это происходит непосредственно от стыда, возникающего в чьем-либо сознании. Затем, может быть случай, когда кто-то в его доме — либо член его семьи, либо один из слуг — знает об этих деньгах, и устыдится того, что может подумать этот человек или что о нем могут сказать в будущем, и поэтому возвращает деньги. Это человек, поступающий так из-за стыда за других. Но здесь мы можем подумать о том, что бы он сделал, если бы никто об этом не знал. Тем не менее его вряд ли можно назвать лицом, поступающим верно, не зная в то же время, что это такое.

Однако правило верного поведения состоит в том, что прежде всего мы должны испытывать стыд в отношении своей семьи, слуг и друзей, а затем уже перед более широким кругом знакомых и незнакомых людей и поэтому избегать неправильного и поступать правильно. Затем это станет естественной привычкой, а со временем мы обретем способность предпочитать правильное и не любить неправильное.

Опять-таки, на пути доблести для того, кто рожден храбрым, не составляет ничего чрезвычайного броситься в бой и сражаться под горячим дождем стрел и пуль. Верный чувствам преданности и долга, он будет рваться вперед, превратив свое тело в мишень, являя своей сияющей доблестью неописуемо прекрасный пример своим соратникам. С другой стороны, может найтись и такой, чьи колени трясутся, а сердце отчаянно бьется при мысли о том, что ему придется с достоинством предстать перед всеми опасностями, однако он идет вперед, так как стыдится выглядеть единственным оробевшим в глазах своих товарищей и от страха лишиться в будущем своей репутации. Поэтому он собирает в кулак свою решимость и следует за тем, кто храбр по своей природе. Таким образом, хотя он и может значительно уступать тому, кто рожден доблестным, после неоднократного опыта он привыкнет, найдет себя, так что понемногу его храбрость укрепится и он станет воином, ни в чем не уступающим тому, кто родился бесстрашным. Так что и в [основе] правильных поступков, и в проявлении доблести нет ничего другого, кроме как чувства стыда. Ибо, если люди говорят о неправильном, что это ничего не значит, или просто смеются, когда видят труса, и говорят, что и это ничего не значит, — какими же средствами можно будет дисциплинировать такого рода человека?

Храбрость

В *бусидо* сущностно важны три качества: Преданность, Правильное Поведение и Храбрость. Мы говорим о преданном воине, воине с правильным поведением и воине храбром, и именно тот, в ком сочетаются все три эти достоинства, является воином высшего класса. Однако среди великого множества самураев трудно отыскать хотя бы одного такого. Собственно, преданного воина или того, кто поступает правильно, нетрудно выделить, проследив за его обычным, повседневным поведением, однако можно усомниться, что в такие мирные и спокойные времена, как сейчас, легко было бы найти храброго человека. Тем не менее это не совсем так, ибо бесстрашие не проявляется сразу, как только человек надевает доспехи, берет в руки копье и алебарду и отправляется на бой. Можно увидеть, есть оно у него или нет, и тогда, когда он сидит на циновках в повседневной жизни. Ибо рожденный храбрым будет преданным и почтительным к хозяину и родителям, а когда у него выдастся свободное время, то использует его для занятий, но также не станет пренебрегать и занятием воинскими искусствами. Он будет всегда начеку, чтобы не предаваться праздности, и весьма аккуратным, тратя каждую монету. И будут не правы те, кто увидит в этом неприятную скаредность, так как в случае необходимости он тратит деньги не задумываясь. Он не делает ничего, что шло бы вразрез с установками его господина или что не понравилось бы его родителям, как бы он того ни желал. Поэтому он, всегда послушный своему хозяину и родителям, сохраняет жизнь в надежде, что в один прекрасный день совершит выдающийся поступок, умеряя свой аппетит в еде и питье, избегая излишеств в плотских утехах — этом сильнейшем соблазне для человечества, дабы сохранить свое тело здоровым и сильным. Ибо в этом, как и во всем другом, начало доблести лежит в жестком самоконтроле.

Тот же, кто не храбр, напротив, будет лишь на вид предан и почтителен к своему повелителю и родителям, не имея никакого искреннего намерения таковым оставаться. Безразличный к правилам своего хозяина и склонностям родителей, он будет слоняться без дела там, где ему быть не следует, занимаясь тем, чем не должно, во всем ставя на первое место собственные желания. Он любит спать и утром, и в полдень и особенно не любит учиться. Что касается воинских искусств, то он знает все из них, но ненавидит их практиковать, лишь хвастаясь о своем умении и о том, чего в действительности не может, переполняемый стремлением удовлетворить какую-нибудь свою пустую страсть. Он тратит любые деньги на роскошные пиршества, выбрасывает на ветер свое содержание и сбережения, не заглядывая в будущее. Но там, где ему действительно следует потратиться, он прижимист и даже не позаботится, чтобы починить изделие с потрескавшимся лаком или порвавшиеся перевязи на старых доспехах, которые наследовал от своего отца. И уж совсем невероятно, чтобы он приобрел новую одежду или конскую сбрую взамен старой. Его здоровье слишком слабо и не позволяет служить хозяину должным образом; он не заботится о тех волнениях и несчастьях, которые причиняет своим родителям. Он ест и пьет слишком много, а также излишествует в плотских удовольствиях, и это истощение и утекание физических сил и лет жизни происходит ни от чего другого, как от слабого, неуправляемого сознания, не способного к самоконтролю, поэтому мы будем недалеки от истины, указав на источник всего этого — трусость самурая. Так можно отличить доблестного от малодушного, даже если оба сидят дома на циновках.

Почтительность

Два Пути, [о которых говорилось выше], — Преданности и Сыновнего Долга — обязательны не только для одних самураев. Они также приветствуются и в среде крестьян, ремесленников и торговцев. Но у этих людей ребенок или, к примеру, слуга, сидя со своим родителем или хозяином, может скрестить ноги, а руки держать как попало, либо говорить с ними стоя, когда те сидят, или совершать различные прочие нецеремониальные, невежливые поступки, и это ничего не значит. Если он действительно искренен в своих сыновних чувствах и по-настоящему уважает своего хозяина или родителей, этого достаточно в случае с указанными тремя сословиями. В *бусидо* же, как бы ни был человек предан и по-сыновнему почтителен в своем сердце, если в его манерах и отправлении этикета, посредством которого выражается уважение хозяину или родителю, существует какой-либо изъян, невозможно сказать, что он живет в полном соответствии с [правилами Пути воина]. Любое упущение такого рода — не только в отношении хозяина, но также и к родителям — не есть достойное поведение для того, кто называет себя самураем. Даже находясь вне их поля зрения или в одиночестве, он не должен расслабляться, как если бы переходил из света в тень, в своем чувстве преданности или сыновнего долга. Когда он лежит или спит, его ноги ни в коем случае не должны быть направлены к месту, где находится его хозяин. Если он устанавливает соломенное чучело для практикования в стрельбе из лука, надо сделать это так, чтобы стрелы не летели в направлении, где находится его хозяин. Точно так же, когда он кладет на землю копье или алебарду, их острия не должны быть направлены в сторону хозяина. Если он услышит какой-то разговор о своем хозяине или что-то о нем слетит с его собственных губ, то в случае, если он лежит, ему следует немедленно вскочить, а если сидит свободно — выпрямиться, ибо таков Путь самурая.

Другие признаки, указывающие на отсутствие должной почтительности, это: указывание локтем в сторону, где, как известно, находится хозяин; разговор о нем, когда свободно раскинешься на циновках; отбрасывание в сторону или разрывание письма от своих родителей или использование его кусков для чистки трубки или ночного светильника. Люди с таким поведением очень часто, встретившись с кем-то чужим, злословят о делах своего хозяина. А когда кто-либо, даже совершенно посторонний человек, придет и ловко с ними переговорит, они будут польщены и без малейшего колебания выложат им много скандального относительно своих родителей или старших братьев, будут говорить о них нехорошо и оскорбительно. Без сомнения, они подвергнутся наказанию от своего хозяина или с ними в один прекрасный день случится какое-то несчастье, и конец их будет не тот, какой подобал бы воину; однако, даже если они и останутся в живых, это не будет достойным существованием, и уж во всяком случае не нормальная жизнь в мире и довольстве.

В былые дни, в эпоху правления Кэйтё[6], жил храбрый воин по имени Кани Сайдзо, командир пехоты, повелителем которого был Фукусима Саэмон-тайю Масанори, несший охранную службу днем и ночью у железных ворот замка Хиросима в Аки. Будучи человеком преклонного возраста, он в интервалах между службой время от времени засыпал, и один раз случилось так, что молодой посланник от Масанори пришел к нему и принес молодого ястреба с запиской, где говорилось, что птица — подарок от хозяина по какому-то случаю. Сайдзо немедленно вскочил на ноги, надел *хакама*[7], которые перед этим снял и положил рядом, затем повернулся к Хоммару и принял подарок, сказав, что немедленно зайдет и принесет слова благодарности. Затем он продолжал: «Что же касается тебя, то, если бы ты был моим сыном, я бы назвал тебя глупым дураком, ибо, раз ты принес послание от нашего повелителя, твоей обязанностью было сказать об этом сразу, чтобы я смог к этому подготовиться, и не передавать его так, без предупреждения, пока я спал. Очень хорошо, что ты не мой сын, и, поскольку ты простой посланник, мне кажется, ты просто не можешь ничего другого знать, поэтому я тебе прощаю». Мальчик со стыдом удалился и рассказал своим молодым товарищам о том, что произошло, так что со временем это дошло до ушей самого Масанори. Тогда он вызвал к себе посланника и расспросил его о происшедшем, и, когда тот подтвердил, что все было именно так, повелитель сказал: «Сайдзо был совершенно прав, рассердившись на подобную оплошность. Я хотел бы, чтобы все самураи в Аки и Бидзэн имели такой же дух, ибо тогда они смогут сделать все, что угодно».

Верховая езда

В древние времена все самураи — знатные и простые — рассматривали стрельбу из лука и верховую езду как первые среди всех воинских искусств, однако позже они стали предпочитать искусство владения мечом и копьем, а уже после этого ставить езду верхом. Более того, весьма правильно для молодого самурая ежедневно упражняться в обращении с луком и фитильным ружьем, а также в фехтовании и *дзюдзицу*[8] прежде всех остальных воинских искусств, поскольку с возрастом у них уже не будет времени заниматься тем, чем они хотят.

Поэтому мне хотелось бы, чтобы молодые самураи особое внимание уделяли верховой езде, и в частности привыкали ездить на тех лошадях, у которых есть огрехи и которые не любят ходить под седлом. Ибо хорошие лошади и те, на которых ездить легко, — сравнительно редки, так как их забирают себе вышестоящие, и их не встретишь в стойлах простых воинов. Но если человек — хороший наездник и видит перед собой приличный экземпляр, у которого имеется небольшой дефект, или плохая привычка, или склонность сбрасывать седока, то он может приобрести его за вполне умеренную цену, так что при тех средствах, которые он готов потратить на коня, приобретет нечто превосходящее эти возможности. Такие качества, как цвет или состояние лошадиной шкуры, имеют значение лишь для тех, кто занимает высокое положение; нижестоящему же лошадь не может не нравиться по той причине, что у нее неподходящий для него цвет или малый волосяной покров; раз она хороша, ему следует ее купить и сохранять.

Давным-давно жил в провинции Синано некий Какугандзи из дома Мураками, командовавший отрядом из трехсот всадников, которые были все хорошими лучниками. Он завел в своем семействе обычай отбирать и сохранять лошадей, отвергнутых другими по причине каких-либо дефектов. Он не утомлял своих людей тренировками на площадке для верховых скачек, но брал пятьдесят или сто из них на неровную местность у города вокруг замка, где было много места, становился впереди всех и вел их галопом вперед, и назад, и во все стороны. И они прыгали из седел и в седла, пока их лошади мчались вперед с заданной скоростью, и ездили так хорошо, что прославили свои имена по всей стране. Даже Такэда из провинции Кай почитал этих людей из Синано, так как нет смысла отвергать в противнике все целиком, — очень высокое признание заслуг Какугандзи.

Далее, для военных действий воину необходима лошадь где-то на три *суна* выше обычного роста с головой средних размеров и обычным задом, но для простого воина, у которого нет сменной лошади, лучше, чтобы его скакун был как можно выше, и ему не следует печалиться, если голова его животного будет поднята высоко, а зад будет широченным, типа того, что называют «двухметровым крестцом». Заниматься же такими неестественными уловками, как растягивание сухожилий на ногах для более широкого шага или подрезание их у хвоста, чтобы тот не подымался, — значит стремиться к оригинальности, несовместимой с *бусидо*. Ибо лошадь, у которой сухожилия ног неестественно растянуты, быстро устает и бесполезна для долгих подъемов в горах или пересечения рек. Та же, у которой подрезаны сухожилия хвоста, часто дергает крупом при прыжках через ямы и ручьи. Слишком же широкий крестец считается неудобным при проезде по узким тропинкам.

Далее, для воина существуют два способа в оценке лошадей: хороший и плохой. Воин древности рассматривал свою лошадь как незаменимое средство передвижения, когда был облачен в тяжелые доспехи, со знаменем и полным вооружением, которое он ни за что не смог бы перемещать, будь он лишь на своих двух ногах. Когда же случалось, что его лошадь ранили или даже убивали, то, несмотря на то что это было не более чем животное, он весьма сильно ей сострадал, тщательно за ней ухаживал и следил, чтобы ее всегда хорошо кормили. Сейчас же люди думают лишь о том, как бы купить лошадь с недостатками по низкой цене и исправить ее дефекты либо выбрать воспитанного в деревне жеребенка и обучить его, чтобы потом продать кому-нибудь, кому тот понравится, выручив хорошие деньги. Такие мысли достойны коновала или конного барышника, а для ценителя представляют малый интерес.

Воинские искусства

Самурай, даже если он невысокого ранга, непременно должен отыскать себе подходящего наставника и обучаться традиционным воинским искусствам с целью знать все, что следует знать об этом предмете. Могут сказать, что для мелкого самурая это совсем не важно, но такой взгляд, по-моему, весьма поверхностен, поскольку во все века было немало воинов, поднявшихся с самых низов и ставших знаменитыми полководцами, а также правителями районов и провинций. Даже сейчас, я думаю, нет ничего невозможного для мелкого подчиненного в деле становления командующим армией. Более того, занятия воинскими искусствами сделают того, кто смышлен по природе, еще умнее, а того, кто родился ограниченным, — не таким глупым. Поэтому этим делом следует заниматься всем самураям. Неверно использует такие занятия тот, кто чрезмерно ими гордится и говорит со своими соратниками пренебрежительно, применяя массу высокопарных, но неверных доводов, которые лишь сбивают с толку молодых, отравляя их дух. Ибо такого рода разговоры являются не чем иным, как словесным потоком, со стороны кажущимся верным и достаточно приемлемым, но, по сути, человек, его изливающий, стремится лишь к эффекту и думает только о своей выгоде, так что результатом будет не более чем дальнейшее ухудшение его характера и потеря настоящего самурайского духа. Этот недостаток возникает от поверхностного изучения предмета, поэтому начинающие ни в коем случае не должны удовлетворяться, достигнув лишь половины пути, но трудиться далее, покуда не постигнут все секреты, и лишь тогда уж возвращаться к своей прежней простоте и жить спокойной жизнью. Если же человек потратил много времени на подобные занятия и прошел только половину пути, но не способен стать мастером своего дела, не исключено, что он не сможет восстановить своего прежнего «простого» состояния, но впадет в состояние смущенное, что весьма прискорбно. Под их первоначальной «простотой», или «невежеством», я имею в виду их душевное состояние до того момента, как они стали заниматься воинскими искусствами. Есть старая поговорка, что нехорош тот бобовый соус, который пахнет бобовым соусом; то же самое и в случае с педантами военного дела.

ГЛАВА 2

Домашнее устройство

Самурай, обнаруживший, что отношения с женой его не устраивают, увещевает ее с помощью резонных аргументов, хотя в мелочах ему следует быть уступчивым и спокойным с ней. Если же ее отношение остается неизменно неверным и ему кажется, что пользы от нее уже никакой не будет, в чрезвычайной ситуации он может с ней развестись, отправив ее к родителям. Если же он не поступит так, но оставит ее в качестве жены и люди будут продолжать обращаться к ней с почтительными титулами *окусама* и *камисама,* а потом кричать на нее и обзывать всяческими унизительными словами, то станет поступать, как пристало, возможно, наемникам и грузчикам, живущим на задах улиц деловых кварталов, но уж никак не самураю — человеку высшего происхождения. Еще менее пристало ему класть руку на меч или угрожать жене сжатым кулаком — поведение омерзительное, помыслить о котором может лишь трусливый самурай. Ибо девушка, рожденная в доме военного, достигшая возраста замужества, если бы была мужчиной, ни на мгновение не снесла бы такого обращения, когда ей кто-то грозил бы кулаком. Ей приходится лить слезы и оставлять все как есть лишь потому, что на ее долю выпало несчастье родиться женщиной. Унижать же кого-то, кто слабее тебя, — поведение, недостойное храброго самурая. Тот же, кто любит и делает то, что ненавидит и чего избегает отважный человек, совершенно справедливо именуется трусом.

Родственники

Обычно в среде крестьян и торговцев дети старшего и младшего братьев считаются племянниками, как и от замужних сестер, и к ним обращаются одинаково, однако у самураев все по-другому. Например, сын старшего брата, являющийся наследником, хотя и есть племянник, но поскольку он станет хозяином дома старшего брата и заранее объявлен наследником, то почитается как старший брат и относятся к нему особо почтительно. Такое необычно почтительное отношение к одному из двоюродных братьев объясняется тем, что он знаменует собой линию [происхождения] до предка — основателя семейства. Что же касается второго и третьего сыновей, то вполне достаточно, если в отношениях с ними установятся обычные связи дяди и племянника, как и в случае с сыновьями младшего брата. Дети сестер также считаются племянниками, однако, поскольку родство их несколько отдаленное, это не следует забывать, и общение с ними хорошо поддерживать на среднем уровне — и в письменном, и в устном виде, удерживая дистанцию. С племянниками, младшими братьями и собственными детьми, в случае, когда их отсылают к кому-то в качестве приемных детей, следует обращаться именно как с таковыми. Встречаясь с ними в частном порядке либо обмениваясь словами на какой-либо семейной встрече, следует употреблять приветствия формальные и отстраненные, как и в случае с теми, кто принадлежит к другим домам и семействам, в отличие от ближайших родственников. Ибо если после того, как они отправились в другой дом, вы продолжите обращаться с ними как с сыном или младшим братом, это будет выглядеть, как если бы вы предпочли оставить их дома, и такое отношение будет расцениваться приемным отцом и всей его семьей как неуважение. Лишь в том случае, когда этот приемный отец действительно не является родственником, а также если в его доме дела будут не в порядке и процесс наследования окажется не таким простым, тогда вполне правильно обращаться с сыном или младшим братом как с таковыми, помогать им и не оставлять их.

Опять-таки, в случае, если вы отдали дочь в жены в чужую семью и у нее родился сын, а ее муж умер и ваш маленький внук остался наследником, то в случае упорядочения наделов, когда вам приходится вступать в переговоры с родственниками и свойственниками этого зятя, необходимо из десяти, к примеру, моментов восемь или девять оставлять решать им. Даже в случае, если ее муж жив, но семья сильно нуждается и становится обузой для родни, поскольку невозможно ничего не делать и не помочь собственной дочери, находящейся в затруднении, вполне допустимо предложить некоторую помощь.

Бережливость

Самураи на службе — как высокого, так и низкого положения — должны всегда быть бережливыми, намеренно поступая именно в этом духе, дабы у них не возникало недостатка для домашних расходов. Что касается тех, у кого большой доход, то, в случае если они обнаружат, что живут не по средствам, должны быстро изменить ход своих дел и, будучи осторожными, сберегая там, ограничивая себя тут, вскоре восстановят свою платежеспособность, так как поступления имеют значительные. Однако, когда мелкий служащий пытается жить подобно известному вельможе и поэтому входит в ненужные расходы и попадает в трудное положение, он не может уже вернуться в нормальное состояние, поскольку ему не на что опереться, поэтому, как бы он ни пытался экономить, но становится все более и более связанным, покуда не приходит к полному разорению. А поскольку домашние дела человека — его частное дело, а тот, кто состоит на службе, должен делать то, что делают его сослуживцы, а потому входить в определенные неизбежные расходы, то он будет принужден пускаться на все мыслимые уловки и авантюры, вплоть до того, что станет говорить то, чего не стоило, и делать то, чего не нужно было бы, ибо именно денежные затруднения принуждают даже тех, у кого репутация весьма высока, совершать безнравственные поступки, совершенно им неприсущие. Именно поэтому следует твердо решить для себя жить строго в соответствии со своими средствами и быть очень внимательным, дабы не впадать ни в какие бессмысленные расходы; тратить деньги лишь на необходимое, так как именно это и называется Путем экономии. В связи с этим следует отметить еще одно. Постоянно говорить о бережливости, ненавидеть тратить средства вообще, ужимать и ограничивать во всем и радоваться, когда путем какой-то сложной махинации удастся добавить одну монету к другой, означает обрести сознание, обуянное страстью к низким барышам, и постепенно лишиться чувства собственного достоинства до такой степени, что станешь совершать то, чего не следует, и оставлять несделанным то, что надлежало сделать. Люди такого типа теряют все инстинкты, кроме накопительского; совершаемое ими не экономность, а крохоборство. Как бы ни было [принято] среди крестьян и торговцев, а среди самураев скопидомство почти то же, что отречение от Трех Сокровищ[9]. Ибо, если он за свою службу заработает кучу денег и поскупится их потратить, насколько же больше он будет скупиться, когда возникнет необходимость пожертвовать своей гораздо более драгоценной жизнью. Именно поэтому древние в Китае говорили, что скупость считается синонимом трусости.

Строительство дома

Самураю на службе вполне пристало иметь внешние ворота и дом для стражи, крыльцо и вход, а также приемную настолько хорошие, насколько позволяет его доход. Ибо во всех замковых городах люди отовсюду доходят до внешних рвов, чтобы посмотреть вокруг, и если жилища самураев выглядят хорошо снаружи, а внутри — спокойно и достойно, это лишь прибавит уважения их хозяину и им самим. С другой стороны, внутренние помещения дома, где живет жена с семьей, какими бы скромными те ни были, следует считать достаточными, в случае если они укрывают от дождя, ибо чрезвычайно важно тратить как можно меньше на ремонт и перестройки. Дело в том, что в этом неустроенном мире даже хозяин замка всегда должен держать в уме возможность осады, а жилища самураев между вторым и третьим районом следует строить низкими и неглубокими, чтобы их постройка обходилась дешево. Тем более тем, кто проживает во внешнем районе и кому в чрезвычайных случаях придется поджечь и оставить свои дома, надлежит воздержаться от возведения чего-либо, кроме самого необходимого. Это должна быть возможно самая легкая постройка, не более чем укрытие для сна. Осознавая все это, даже в сегодняшние мирные дни самурай, желающий оставить Путь воина незапятнанным, безусловно, не станет рассматривать свой дом как постоянное жилище или стремиться как-то особенно украсить его. Кроме того, если он загорится, приходится в спешке снова возводить подходящее укрытие, поэтому любой, кто не понимает этого, но тратит слишком много денег на постройки, а иногда даже с удовольствием залезает ради этого в долги, вполне может считаться человеком со слаборазвитым осознанием соответствия вещей.

Оружие

Каждый самурай на службе должен иметь набор оружия, соответствующий его целям. Всякий семейный клан располагает своими военными канонами, определенными знаменами, флагами и значками на шлемах, запасными лошадьми, гребнями на рукавах и маркировкой тягловых животных, — все это в соответствии с приказами хозяина должно быть строго унифицировано. Если же все указанное будет в спешке выдумываться, то явит собой очевидный признак небрежности и вызовет презрение. В истории известно немало людей, которые по причине пренебрежения к подобным вещам были атакованы своими же и понесли потери, поэтому в данном случае нелишни никакие предосторожности. Кое-кто может подумать, что его слугам вряд ли придется кого-то рубить, и поэтому решит заменить их [стальные] клинки на деревянные или бамбуковые, а также откажется снабдить их набедренными повязками *фундоси*, так как сочтет, что им не нужно будет подвязывать одежду, и очутится в затруднительном положении из-за недостатка дальновидности. Самурай же высокого происхождения, получающий немалый доход, но не знающий, когда ему придется выступить в поход, стократ заслуживает порицания — каким бы мирным ни было время — в том случае, если не обеспечит себя необходимым вооружением, нежели молодой служивый с деревянным мечом или без набедренной повязки. Итак, из опасений, что можно публично осрамиться, ему следует должным образом себя обеспечить. Вот небольшой совет в этой связи. Когда воин низкого уровня желает приобрести себе доспехи и у него есть, скажем, три золотых, самое лучшее, что он может сделать, — это потратить две трети [этой суммы] на доспехи и шлем, а на оставшееся купить все то, что ему еще может понадобиться, — нижнюю одежду, штаны, куртку, нижние *хакама,* верхнюю перевязь, накидку, хлыст, веер, кошелек, плащ, бутылку для воды, чашку и прочее, так что он будет иметь помимо доспехов все необходимое. Затем, даже если он молод и очень силен, лучше избегать тяжелых доспехов из толстого металла, а также массивных знамен и штандартов по той простой причине, что, хотя он и будет с ними управляться, пока молод и храбр, они станут слишком тяжелыми, когда он состарится. К тому же даже молодой человек может заболеть или его ранят, и тогда самые легкие металлические доспехи станут тяжкой ношей и помехой. Если же молодой человек прославится тяжестью своих доспехов и штандартов, ему будет трудно от них отказаться в более зрелом возрасте, но управляться с ними будет нелегко.

О снаряжении слуг

Воину незнатного происхождения даже в чрезвычайных обстоятельствах не стоит путешествовать со многими слугами, и поэтому ему не нужно более одного копья. Если же это единственное повредится, он окажется без прикрытия копьем со стороны. Таким образом, ему стоит иметь запасное лезвие, прикрепленное к бамбуковой рукоятке, чтобы им можно было сразу воспользоваться, так как важно, чтобы все было готово в случае нужды. Если же повреждение незначительно, для этих целей достаточно использовать длинный, крепко насаженный меч, который будут нести слуги. Молодые оруженосцы могут использовать доспехи *домару* с железным шлемом, а младшие слуги и порученцы — *мунэкакэ* с полотенцем вокруг головы или металлическую шапку, так как воин незнатного происхождения должен следить, чтобы его люди были вооружены легко. Если же пришлось вступить в поединок на мечах, в котором использовались и доспехи и шлем, меч, вероятно, притупится, и его нужно будет заменить. Тогда старый меч может быть использован молодым оруженосцем и передается носильщику сандалий или конюху.

Самурай

Поскольку самураи — официальные лица, занятие которых уничтожать бунтовщиков и затевающих беспорядки, а также обеспечивать мир и безопасность [остальным] трем классам людей, то даже последний из тех, кто носит это звание, никогда не должен совершать преступные и несправедливые действия в отношении [своих подопечных]. Иными словами, он не должен требовать большего оброка, чем это принято, от крестьян или истощать их принудительными занятиями. Он не должен приказывать ремесленникам подать предметы, а затем отказываться за них платить; не следует также посылать за товарами к горожанам и торговцам, а затем заставлять ждать платы, и уж совсем недостойно давать им деньги, а потом брать процент в качестве ничего не делающего партнера. К этим людям всегда следует относиться заботливо, с симпатией к крестьянам своего удела и со вниманием — к ремесленникам, чтобы те не разорились. Несмотря на то что можно единым ударом все решить с долгами, возникшими в ходе сделок с горожанами и торговцами, следует непременно выплачивать им что-то время от времени, дабы в их среде не множились убытки и не происходили разорения. Самурай, чей долг состоит в преследовании грабителей и воров, не должен подражать путям этих преступников.

Чувство стыда

Пятьдесят—шестьдесят лет назад, говоря об устройстве на службу, самурай без хозяина сказал бы, что некто вряд ли в состоянии содержать запасную лошадь, имея в виду доход, немногим превышающий пятьсот *коку*[10], либо — что кто-то еле-еле может держать полуголодное животное, если тот получал около трехсот. Таким же образом, если появлялась возможность занять место с доходом в сто *коку*, это описывалось как состояние, в котором человек сможет иметь одно ржавое копье. Дело в том, что тогда еще оставался старый самурайский стиль, в соответствии с которым не пристало упоминать цифры и говорить, что у кого-то столько-то *коку* дохода, поэтому они пользовались такими выражениями: «Ястреб может голодать, но не притронется к зерну», а также «Самурай может не съесть ничего, но будет ковырять во рту зубочисткой»; эти выражения хорошо описывают указанное настроение. В ту пору молодые люди никогда не говорили о доходах, никогда не упоминали цены какой-либо вещи и краснели, услышав любой разговор о любовных делах. И, несмотря на то что вряд ли с ними можно теперь сравняться, мне все же кажется, что всем самураям следует уважать и изучать эти древние обычаи. «Хоть нос у человека и может быть кривым, если он может им дышать — все в порядке»; так и нам следует рассматривать все это.

Выбор друзей

Для самурая на службе чрезвычайно важно водить компанию и заводить друзей исключительно среди тех из сослуживцев, кто отличается доблестью, чувством долга, мудростью и влиятельностью. Но поскольку люди такого рода немногочисленны, среди своих различных друзей он, вероятно, найдет лишь одного, на которого сможет действительно положиться в случае нужды. В целом для самурая нежелательно заводить любых близких друзей, к которым он будет особо привязан и с которыми будет предпочитать есть, пить и гулять. Ибо если он найдет в ком-то родственную душу и станет с ним близким другом, сочтя его приятным собутыльником, оба они легко могут начать вести себя так, как не подобает их кругу, обращаясь друг к другу безо всяких церемоний, развалившись рядом, проводя вечера, горланя песни и [слушая] сказания *дзёрури,* пользуясь в обращении слишком фамильярными словами; только что они в самых близких отношениях, но вот из-за какого-то пустяка они отворачиваются друг от друга и перестают разговаривать. Потом они так же быстро могут помириться безо всякой помощи миротворца-посредника, как это принято. Такой прискорбный недостаток чувства собственного достоинства показывает, что, хотя человек и может выглядеть самураем, его сознание иногда не превосходит ум простых рабочих людей.

Дружба

Одно из качеств Пути воина, обязательно долженствующее присутствовать у самурая, — надежность, однако совершенно нежелательно, чтобы он предлагал свою помощь без особой причины, выступал вперед в незначительных случаях или принимал на себя обязательства в делах, его не касающихся, лишь для того, чтобы что-то сделать или дать свой совет. Даже в том, что хоть в малейшей степени к нему относится, гораздо лучше держаться в стороне, если никто не просит вмешаться. Дело в том, что даже незначительные проблемы, если в них окажется замешан самурай, могут вовлечь его до такой степени, что он не сможет из них выпутаться без риска для своей драгоценной жизни, которая может находиться в распоряжении лишь его хозяина или родителей. Именно поэтому я говорю, что ему не следует быть бесцельно услужливым.

Если у самурая прежних дней просили об одолжении, он прежде всего думал, сможет ли его сделать или нет, и в случае последнего немедленно отказывался. Если же он делал что-то, то брался за это лишь после тщательных размышлений, так что был хорошо подготовлен, и все завершалось достаточно быстро. В результате трудности просившего разрешались, а благодетелю доставалась слава. Если же, напротив, некто принимает на себя некую ответственность и будет не в состоянии исполнить задуманное, то заработает репутацию ненадежного человека, когда все откроется. Опять же, давать совет или высказывать свое мнение следует лишь после зрелого размышления. Ибо хотя родители, учителя, старшие братья, дяди и другие могут дать неподходящий совет своим детям, ученикам и племянникам без особого для себя вреда, то все, что выходит из уст самурая, должно быть взвешенно и рассчитано. В особенности осторожен должен он быть в высказываниях к своим друзьям и сослуживцам. Когда же его выбирают и просят принять участие в разбирательстве, он, разумеется, может сказать, что не имеет своей точки зрения на предмет, и отказаться его обсуждать. Но если уж он принял участие в разговоре, то будет максимально полезен, изложив именно то, что думает, ясно и кратко, безо всяких умолчаний, не думая о возможном несогласии или негодовании других. Ибо если из слабости, от страха противоречить кому-либо или кого-то оскорбить он будет демонстрировать неловкую нерешительность и уклонится от того, что справедливо, согласившись с тем, что неверно, а также, желая избежать ссоры, позволит кому-то сказать неприемлемые вещи либо переложить на кого-то бремя ответственности, то в конце концов его станут считать бесполезным советчиком, ругать и презирать. Также если кто-то глуп настолько, что считает себя слишком великим, чтобы принимать участие в дружеском разговоре, говоря, что в советах нет нужды, и желая решить все в соответствии с собственным мнением, чем путает абсолютно все, то он в конечном счете потеряет всякую популярность среди своих приятелей.

Разрыв отношений

Может случиться так, что у самурая на службе среди знакомых или сослуживцев будет один такой, с которым по каким-то причинам он не захочет иметь ничего общего. Однако, в случае если хозяин прикажет ему нести службу именно с тем человеком, ему следует немедленно пойти к тому и сказать: «Мне приказали служить с тобой, и, хотя до этого времени мы не разговаривали, раз так сложилось, я верю, что мы будем действовать вместе, дабы исполнять свои обязанности должным образом и без упущений». Если же этот человек старше по чину, то следует спросить [у него] наставлений. Если на следующий день кого-то из них переведут на другое место, они могут вновь вернуться к прежним отношениям, но до тех пор им следует согласиться работать вместе благожелательно, исполняя свои официальные обязанности, что и есть правильное поведение для самурая. Насколько же более сердечное сотрудничество должно быть у товарищей, между которыми нет никаких трений, когда они служат вместе. Те же, кто постоянно стремится к власти, и, когда другие только приходят на службу и еще незнакомы с ее особенностями, по недостатку доброты сердца не помогают им и не направляют, чтобы те с пользой исполняли свои обязанности, и даже радуются, когда они допускают ошибки, те выказывают свой грязный и злой дух и совершенно недостойны уважения. Это разновидность самураев, которые могут предпринять какую-либо грязную уловку, например выступить против своих, оказавшись в нелепом положении, поэтому всех таковых следует тщательно избегать.

Репутации

Самураю следует постоянно читать записи древности, дабы укреплять свой характер. Ибо эти труды, повсеместно знаменитые, такие как *Коё гункан*[11], *Но-*

бунага [ко]-ки[12] и *Тайко-ки*[13], дают детальные описания сражений с именами тех, кто совершил доблестные поступки, а также говорят о количестве павших. Среди этих последних немалое место должны были занимать известные подчиненные, однако, поскольку они не слишком стремились выделиться своей доблестью, их имен не осталось в записях. Даже среди малых сподвижников были отобраны те, чьи предсмертные подвиги были выдающимися, и их имена остались для вечности. Однако и те павшие, имен которых не осталось, и те, чьи свершения стали известны в веках, чувствовали одинаковую боль, когда враг отсекал их головы. Поразмыслите над этим хорошенько. Когда самураю приходит время умирать, целью его должно быть пасть при исполнении какого-либо доблестного подвига, который потряс бы и его друзей и врагов и сделал бы его смерть причиной грусти для его хозяина и командира и оставил бы его имя в памяти грядущих поколений. Совершенно иная судьба труса, который последним поднимается в атаку и первым начинает отступать; который при наступлении на укрепление противника использует своих товарищей в качестве щита от огня врага. Пораженный случайной стрелой, он падает и умирает собачьей смертью, и его могут затоптать свои же. Это величайший позор для самурая, о чем нельзя забывать, но следует размышлять очень серьезно и днем и ночью.

Хвастуны и злословящие

Два этих типа людей могут показаться очень похожими, однако на самом деле они весьма различны. В стародавние дни среди самураев было немало тех, кто имел репутацию хвастуна, к примеру Мацудайра Кагаэмон и Окубо Хикодзаэмон, оба — офицеры охраны *сёгуна.* Собственно, в те дни у каждого *даймё* было по нескольку самураев такого типа. Это были люди, на счету которых числилось немало славных дел и которые ничем не поступались на Пути воина; однако время от времени они упрямились, и с ними было нелегко вести дело. Когда же у них случались трудности в условиях жизни, происходило что-то связанное с их доходами, а [условия] службы становились несовместимыми с их высокой репутацией, они пренебрегали правилами и говорили то, что им вздумается, не обращая никакого внимания на свое окружение. Но их хозяева, советники и старейшины кланов смотрели на такое поведение сквозь пальцы, не обращая никакого внимания, так что те становились все более и более вольными в поведении, рассказывая любому о том, что думают о своих хороших и дурных сторонах, безо всякой сдержанности или извинений, и так продолжалось всю их жизнь. Такими были хвастуны старых времен, люди, совершавшие великие дела. Сегодняшние же хвастуны — это те, кто никогда не надевал кольчуги, кто проводит все свое время, сидя с друзьями и знакомыми, обсуждая недостатки управления своего хозяина, указывая на неудачи советников и посланников и, безусловно, не упуская случая вспомнить промашки своих товарищей, подчеркивая в то же время свое превосходство. Такие пустословы живут в совершенно ином мире, чем храбрые хвастуны прошлого, и их совершенно правильно определяют как злословящих или трескучих глупцов.

Путешествие

Самурай незнатного происхождения на службе должен путешествовать, нагрузив багаж на вьючную лошадь. На случай падения ему следует связать два своих меча вместе, чтобы они не выскользнули из ножен. Не нужно, однако, превращать рукоятку длинного меча в толстый кон, обматывая вокруг нее метровое полотенце. То же самое можно сказать о случае, когда насадку на пику привязывают толстой веревкой, чтобы та не соскользнула. В таких делах не может быть ни малейшей небрежности. Если ставишь на вещи тавро или крепишь табличку: «Подчиненный господина такого-то», это может показаться несколько неуважительно по отношению к его дому. Когда же, как это принято в наши дни, берешь лошадь непосредственно у конюха постоялого двора, а предыдущим наездником был самурай, следует подождать спешиваться до того, как тот спешится по приглашению конюха. Причина в том, что, если спешишься по приглашению конюха и будешь стоять, другой будет вынужден сменить лошадь, несмотря на то что у него, возможно, и не было такого намерения. Если же кто-то возьмет на себя труд спешиться [сам по себе], то может быть разочарован, когда придется садиться на лошадь вновь.

Пересекая реки, попадающиеся по пути, следует всегда брать носильщика, так как, если поскупиться на расходы или посчитать себя специалистом по бродам и перебираться в одиночку, может случиться так, что лошадь упадет и груз намокнет, а слуга, может случиться, получит телесные повреждения, и вы будете выглядеть очень глупо.

Опять-таки, если, желая укоротить путь, вы поедете на Ёккайти или сядете в лодку в Авадзу, это будет очень близорукий поступок. Дело в том, что, поехав обыкновенной лодкой от Кувана и встретившись с плохой погодой, вы имеете какое-то оправдание, однако, если вы перенесли много тягот и пустились окольной дорогой, на которой произошла беда, оправданий вам нет никаких. Так советует и старый стих:

> Неужели воин думает,
> Что брод в Ябасэ —
> Это ближайший путь?
> Ему следует знать, что кратчайший путь
> Ведет через мост Сэта.

Этот принцип — длинный путь бывает кратчайшим — относится не только к дорогам. Следует помнить о нем во всех делах.

Клевета

Самурай на службе постоянно должен следить за собой, чтобы не оказаться впутанным в непрямое порицание любых ошибок, допущенных его товарищами, о которых он может услышать или стать свидетелем которых. Дело в том, что человек не в состоянии измерить, в какой степени, сам того не желая, он может ошибиться или недооценить какие-либо вещи. Сверх того, чиновники клана, и особенно советники и высшие должностные лица, являются выразителями мнения своего повелителя, поэтому любая критика в их адрес отражается на нем. Опять-таки, в один прекрасный день вам может понадобиться обратиться к ним с какой-нибудь просьбой, принимать во внимание их настроение, складывать руки, сгибать колени и нижайше выпрашивать их благоволения, внезапно сменив свой тон, так как только что ты клеветал на них за их спинами, — ни один самурай не должен заниматься ничем подобным, сколь бы тяжелой ни была ситуация.

Наследование

В период гражданской войны, когда сражения происходили непрерывно, если самурай погибал в честном бою или умирал от ран, в нем полученных, из уважения к его службе командир или хозяин позволял его сыну, если таковой имелся, как бы молод тот ни был, наследовать его должность и жалованье. Однако в случае, когда этот сын являлся еще младенцем и не мог нести никакой воинской службы, тогда младший брат его отца, не пребывающий на службе, наследовал положение своего старшего брата и назначался повелителем своим охранником. В этом случае его называли *дзиндай* («наследующий место в бою»). На этот счет существует старинный обычай. Дело в том, что в подобном случае, хотя человек и занимает место своего старшего брата, он должен рассматривать своего племянника как собственного сына, соответственно заботиться о нем и воспитывать его. А когда он займет место во главе семейства, ему следует собрать все оружие и доспехи, лошадиную сбрую и прочие вещи, принадлежащие ему, а затем с одним или двумя членами семьи тщательно все пересчитать и занести в книгу.

Затем, когда ребенок подрастет до возраста пятнадцати лет, так что на следующий год он в любом случае должен стать независимым воином среди младших сподвижников, следует должным образом подать прошение, дабы ему позволили поступить на службу к повелителю и получать причитающееся жалованье. В соответствии с тем, кто такой сам проситель, таковое разрешение может быть дано, либо же вполне возможно, что по причине молодости воспитанника его опекуна могут попросить остаться на службе еще несколько лет. Тем не менее, сколь бы настоятельным ни было такое предложение, ему следует однозначно его отклонить, и, когда разрешение наконец получено, нужно предъявить список вещей и собственности, составленный ранее, передав все принадлежавшее покойному отцу. Все вещи, приобретенные за время его опекунства, которые стоят того, чтобы их передать, должны быть добавлены к списку и переданы. Также, принимая должность главы дома, «наследующий место...» может получить часть дохода, например двести *коку* из общего количества в пятьсот, причем оставшиеся триста достаются племяннику. Для него это может быть вполне удачным, но не для главного дома, чьи поступления значительно уменьшатся, поэтому ему следует попросить, чтобы сумма дохода его старшего брата перешла полностью к наследнику. Таково правильное поведение самурая, ставшего «наследующим место». Однако встречаются и такие, которые не желают передавать управление наследнику, достигшему зрелого возраста, либо те, кто, уходя, оставляют имущество в плохом состоянии, а дом — неотремонтированным, даже и не пытаясь что-то в нем наладить. Еще хуже — такие могут навязать наследнику долги, которые не делал его отец, постоянно будут его беспокоить просьбами о вспомоществовании, содействии и прочем подобном. Такие люди — мерзавцы безо всяких моральных устоев.

Конец жизни

Самурай — высокого ли, низкого ли положения — должен прежде всех остальных вещей думать о том, как он встретит свой неизбежный конец. Как бы ни был он умен и способен, если он будет расстроен и плохо выглядеть, когда столкнется с этим, то все его предыдущие значительные свершения пойдут прахом («станут как вода»), а все достойные люди будут презирать его, и он покроет себя позором («стыдом»).

Дело в том, что, когда самурай идет на битву и совершает доблестные и прекрасные поступки, так что имя его становится известным, все это происходит лишь оттого, что он приготовился погибнуть. Если же, к несчастью, ему придется столкнуться с худшим, а его тело будет вынуждено расстаться с головой, [все равно] — когда противник спрашивает его имя, он должен объявить его немедленно, громко и отчетливо, высоко подняв голову и с улыбкой на губах, без малейшего следа страха. В случае, когда он серьезно ранен, так что ни один врач не может ничего для него сделать, если он еще в сознании, правильное поведение для самурая — ответить на вопросы старших офицеров и товарищей, сообщив им обстоятельства своего ранения, а затем уйти из жизни без излишних хлопот.

Так же и во времена мира стойкий самурай, в особенности если он стар, однако точно так же и в молодом возрасте, но поражен серьезной болезнью, должен выказать твердость и решительность, не придавая никакого значения тому, что придется покинуть этот мир. Разумеется, если он занимает высокий пост, однако равным же образом и в приниженном положении, покуда он в состоянии говорить, следует попросить о присутствии вышестоящего официального лица и сообщить ему, что в течение долгого времени он пользовался его расположением и благосклонностью, отчего постоянно искренне желал делать все, что в его силах, ради исполнения своего долга, но, к сожалению, на него напала такая серьезная болезнь, от которой трудно выздороветь, так что он дольше не в состоянии исполнять свои обязанности; теперь же, готовясь отойти, он желает выразить благодарность за проявленную к нему доброту и доверие и просить почтительно передать это советникам клана. После этого ему следует попрощаться с семьей и друзьями, объяснив им, что не дело для самурая умирать от болезни после того, как получил столько благодеяний от своего повелителя за все годы, но, к сожалению, в его случае это неизбежно. Однако они, будучи еще молоды, должны продолжить его дело лояльности, твердо придерживаясь намерения исполнить свой долг перед хозяином, и даже усилить свое чувство преданности, дабы служить со всем возможным рвением. Если же они не станут поступать таким образом либо допустят акты нелояльности или недостойного поведения, его дух лишит их собственности и наследства, возникнув отовсюду — пусть даже и из травинки. Так отправляется [в иной мир] истинный самурай.

В записях слов Святого[14] также говорится, что, когда человек умирает, слова его должны быть правильными. Таковым следует быть концу самурая, и насколько же он отличен от смерти того, кто отказывается признавать свое состояние неизлечимым и волнуется, как бы не умереть; кто радуется, когда ему говорят, что он стал выглядеть лучше, и сердится, когда говорят, что его вид ухудшился; кто возится с врачами, заказывает массу бесполезных молитв и служб и постоянно находится в состоянии растерянности и смятения. По мере того как его состояние ухудшается, он ничего никому не говорит и в конце концов оканчивает свою жизнь смертью не лучшей, чем у собак или кошек. Причина же этого в том, что он не держал смерть постоянно перед глазами, как я советовал это делать в первом разделе, но отказывался даже думать об этом, считая дурным предзнаменованием; он, похоже, думал, что будет жить вечно, и цеплялся за жизнь с жадной отчаянностью. Тот, кто идет на битву, обладая подобным трусливым духом, вряд ли погибнет славной смертью, исполняя долг преданности, поэтому человеку, ценящему идеал самурая, следует знать, как умирать правильно и от болезни на циновках.

ГЛАВА 3

Служба

Когда самурай служит, вполне может случиться, что его хозяин внезапно столкнется с большими расходами, в результате которых его положение станет весьма стеснительным, так что ему придется занимать часть жалованья своих подчиненных на протяжении нескольких лет. В этом случае, велика та сумма или мала, совершенно не подобает самураю предполагать, или даже намекать в среде своих домашних, а уж тем более вне ее, что это причиняет ему какие-либо трудности или неудобства. Ибо с древних времен было обычаем для сподвижников стремиться на помощь своему повелителю в час нужды, точно так же, как и он был готов помочь им в их трудностях. Когда же хозяин впутывается в частные долги, да так, что они препятствуют ему в общественных делах, не позволяя делать то, что пристало *даймё*[15], и в результате сталкивается со множеством неприятностей, для сподвижников невыносимо это наблюдать. И если обычные дела еще можно кое-как вести, то представьте, что завтра на границе провинции происходит некоторое волнение и вашему отряду приказывают немедленно выступать для занятия позиций; первое, что понадобится в этом случае, — деньги. И, как бы умен некто ни был, такого рода вещь не получишь немедленно; как говорится в пословице, подобно человеку, руку которого прижал камень, не позволяя двигаться ни в каком направлении, так и тогда будет очень сложно что-либо сделать, а все остальные *даймё* будут готовы выступить в назначенный день, а его невозможно перенести, и вот, как бы вы ни были не подготовлены, ничего не поделаешь, и приходится также выступать.

В мирное время военная процессия являет собой бравое зрелище, и даже деревенский люд толпится у городских домов, чтобы на него поглазеть, так что тут уж предстаешь перед глазами всех сословий, и, если ваши ряды уступают другим, для хозяина и его ближайших помощников это стыд на всю жизнь. Поэтому, рассмотрев изложенное, всю его важность, поймем, что всем самураям — прославленным и неизвестным, старым воякам и недавно пришедшим — следует без колебаний поступиться приемлемой частью своего жалованья. В период же, когда доход уменьшается, каждому стоит напрячь свой ум и придумать, как уменьшить количество прислуги, лошадей, носильных вещей из хлопка, зимней бумаги [для *сёдзи*[16]] и летних *катабира*[17]. Далее, на завтрак и ужин следует есть лишь неполированный рис, рисовые отруби и *мисосиру*[18], каждый должен сам колоть себе дрова, носить воду и мириться со всякими трудностями, ибо таков долг всех служащих своему повелителю — все свои силы направлять на то, чтобы его дела содержались в должном порядке. И когда мы примиримся с такими трудностями даже в столь стесненный период, мы сможем достойно встретить любую надобность нашего хозяина и срочно собрать необходимую сумму. К примеру, можно заложить свой запасной меч и рабочую корзинку жены и получить достаточно, причем без занятия в долг. Даже если ваш повелитель не знает об этом, а советники и высшие офицеры презирают вас за это, для самурая немыслимо даже подумать о том, чтобы жаловаться на уменьшившееся жалованье.

Долг подчиненного

Самурай, если он благородного происхождения и облагодетельствован жалованьем от своего повелителя, не должен называть собственную жизнь или личность своими. Однако среди тех, кто несет воинскую службу, различаются два вида. Есть некие сподвижники и *тюгэн* либо прислужники и прочие, кто не имеет свободного времени ни днем ни ночью, но должен тяжело и постоянно работать, однако они не обязаны отдавать собственные жизни за повелителя и поэтому не подвергаются упрекам, если не проявляют себя особо тренированными и умелыми в воинских искусствах. Дело в том, что они просто наемные рабочие, продающие свой труд, и ничего больше. Если же это — *буси* (воин), то ситуация совершенно иная, так как он является слугой, отдающим также и свою жизнь. Его повелитель — также подчиненный, но на другом уровне, так как, случись в империи любое беспокойство, ему приходится исполнять воинскую повинность в соответствии со своим положением. Иными словами, если он имеет удел, приносящий 100 000 *коку,* то должен выставить 170 всадников, 60 пеших лучников, 350 стрелков-ружьеносцев и 20 знамен, в соответствии с положением правительства сёгуната; количество же людей, превышающее указанное, зависит от его намерений и способностей командования. Помимо этих людей, которых он должен вести в сражение, у него должно оставаться достаточное их количество в замковом городе для защиты на случай нападения. Так что, хотя и не испытывая в них постоянной необходимости, ему следует располагать большим числом самураев всех видов. А среди них есть некоторое число не способных к службе, либо рожденных с телесными дефектами, либо таких, у кого слаб дух, но на все эти недостатки благородным образом не обращается внимания, дабы они могли продолжать получать свое наследованное жалованье. Таким образом, подчиненному следует постоянно помнить, сколько всего сподвижников у всех повелителей в провинциях и замках по всей Японской империи, привязанных к своим хозяевам взаимными узами родовой близости и получающих от них весьма значительное жалованье, так как, к примеру, небольшое жалованье в сто *коку* через десять лет возрастет до тысячи *коку*, а если оно выплачивалось многим поколениям семьи на протяжении десятков лет — до какой огромной суммы оно только не может вырасти! В обмен же на столь ощутимые блага сподвижник исполняет в мирное время обычную службу в качестве охранника, или отрядного офицера, или проверяющего — обычные обязанности, которые трудно назвать выдающейся службой. Однако в любой момент может прозвучать призыв к оружию, и тогда он займет место в рядах как ведущий копейщик, или, в случае нападения на замок, как передовой всадник, или, если находится со своим отрядом в хвосте, как арьергардный охранник при отступлении, или, в случае, когда позволяют его способности, займет даже место своего повелителя или командующего, и отдаст жизнь под дождем стрел противника, и погибнет славной смертью на том месте, где стоял, не отступив ни на шаг. Именно тогда у самурая возникает самое глубокое чувство своего служения, когда он принимает решение и кричит: «Мариситэн[19] свидетель, я совершу то, чего не сделает никто другой!» А поскольку для того, чтобы достигнуть таких высот преданности, он не может называть свое тело и душу собственными и никогда не знает, когда ему придется сослужить своему повелителю такую службу, он должен быть осторожным, дабы не повредить своему здоровью перееданием, чрезмерным питьем или увлечением плотскими утехами; он также не должен рассматривать смерть в доме на циновках как достойный конец для себя. Еще более следует ему быть настороже, не ввязываясь ни в какие споры и ссоры с товарищами, которые могут привести к обмену ударами и к риску бессмысленной смерти, противной чувству преданности и долга. В связи с этим следует тщательно думать, прежде чем говоришь, ибо споры возникают из-за слов. Когда же перепалка разгорается, за ней часто следуют оскорбления, а в случае, когда один самурай оскорбляет другого, дело редко кончается полюбовно. Поэтому, если существует хоть какой-то риск вмешаться в спор, помни, что твоя жизнь принадлежит не тебе, но твоему повелителю, и поэтому сдерживай свой характер, дабы не зайти далеко, ибо таков долг преданного самурая.

Обязанности самурая

Обязанности самурая разделяются на две группы: военные и строительные. Когда на земле идет война, он должен находиться в лагере или на поле боя днем и ночью, не зная ни минуты покоя. Строительство связано с лагерем, поэтому для устройства [внутренних] укреплений, рвов, точек обороны и выдвинутых укреплений военные всех рангов должны постоянно трудиться, причем так быстро и так напряженно, как это только возможно. Однако в мирные времена нет никаких обязанностей по лагерю и, соответственно, постройки конструкций, с ним связанных, поэтому различные отряды самураев со своими командирами закреплены за различными должностями: охранников, сопровождающих, проверяющих и тому подобными, и они начинают считать такие домашние работы в качестве нормальных для воинской семьи и рассматривать полевую службу как всего лишь сны о далеком прошлом. Потом, во времена, когда честь содержать правительство сёгуна и общественные строения возлагается на *даймё* и расходы возрастают так, что их до некоторой степени приходится перекладывать на подчиненных, отбирая у них некоторую часть жалованья, те скупятся и выказывают недовольство, как если бы то было вымогательство, поскольку не понимают, что принимать участие как в военных, так и в строительных делах — обычное занятие самурая. Потому можно встретить таких, кто рассматривает свои повседневные обязанности в мирное время в качестве большой обузы, сочиняет себе документы о болезни, даже если с ним все в порядке, и не обращает внимания на те неудобства, что причиняет другим, когда просит выступить вместо себя. Опять же, когда их посылают в качестве Временного Проверяющего, они заранее бывают недовольны тяготами пути и связанными с ним расходами, так что достают себе и для этого случая бумаги, свидетельствующие о болезни, перекладывая этим все тяготы и расходы на плечи своих сотоварищей, нимало не заботясь о том презрении, с которым к ним будут относиться. Даже тогда, когда место, куда их посылают, расположено достаточно близко, они открыто жалуются на то, что им приходится ездить туда дважды в день, либо на неблагоприятные погодные условия. Те, кто исполняет свои обязанности с таким недобрым расположением духа, как если бы то была навязанная им тяжкая обязанность, есть не кто иные, как хамские конюхи и слуги в шкуре самураев. Воины, рожденные в период гражданских войн, всегда находились на поле боя, варясь в своих доспехах под летним солнцем или продуваемые сквозь их сочленения зимними ветрами, мокнущие под дождем и осыпанные снегом; они спали в болотах и на холмах, положив под головы рукава вместо подушек, и не имели другой еды и питья, кроме неочищенного риса и соленой воды в качестве супа. И когда бы им ни приходилось сражаться в поле, или атаковать крепость, или ее оборонять, они не считали это какой-то особой трудностью или испытанием, но рассматривали как обычную повседневную работу. Сравнив это с самими собой, рожденными во времена мира, имеющими возможность летом спать под сеткой от комаров, а зимой заворачиваться в стеганые одеяла, — фактически вести легкую жизнь, поглощая в любое время дня ту еду, которая нам нравится,— мы действительно должны считать себя счастливыми людьми. Однако нет никакого основания рассматривать обязанности по несению охраны внутри помещения или по проверке объектов в окрестностях тяжелым бременем. Жил некий Баба Мино, человек заслуженный, из дома Такэда провинции Кай, написавший и повесивший на стене свой жизненный девиз из четырех иероглифов: «Поле боя — [мое] обычное жилище».

Осмотрительность

Любой человек, получивший от своего повелителя в качестве подарка *косодэ*[20] или *камисимо*[21] с гербом хозяина, должен быть осмотрительным, когда его надевает, и не должен забывать надевать сверху него свое *камисимо* с собственным гербом; если же он наденет *камисимо с* гербом хозяина, нужно надевать *косодэ* со своим. Дело в том, что, если он наденет только одежду с гербом хозяина, это будет выглядеть так, как если бы он был ему родственником, что невежливо. Когда же эти одежды с гербом хозяина становятся слишком старыми, с них следует спороть гербы и сжечь их, дабы те не загрязнились и тем самым не было выказано неуважение.

Опять же, если кто-либо из ваших соседей серьезно заболел или страдает от тяжелой утраты, то, даже в том случае, если вы с ним в очень близких отношениях, нужно воздерживаться от любой музыки или громкого смеха, отдав приказ своей семье и слугам поступать таким же образом. Данное поведение требуется не только для того, чтобы те ничего дурного не подумали, но и чтобы избежать стыда, когда соседи и друзья станут порицать вас за невыдержанные манеры.

Анналы

Самурай на службе, даже если он только что туда поступил, а тем более ветеран, должен быть хорошо знаком с историей семейства своего повелителя, его происхождением и анналами, его связями, а также с записями о всех выдающихся деяниях своих сотоварищей. Это станет возможным, если он будет спрашивать у старших членов клана. Иначе, когда он встретится с другими людьми и в ходе разговора выяснится, что он совершенно ничего об этом не знает, его оценят невысоко, пусть даже во всех остальных отношениях его считают хорошим сподвижником.

Сопровождение

Когда самурай на службе сопровождает своего повелителя в путешествии и они прибывают на почтовую станцию, чрезвычайно важно, чтобы он до рассвета тщательно расспросил местных жителей, отметил все холмы, леса, храмы и монастыри, проехал мимо них и выяснил, в каком от них направлении находится открытое пространство и каково состояние дороги. Такие меры принимаются на тот случай, если ночью внезапно вспыхнет пожар и его хозяину придется срочно уходить, — тогда он будет вести его, зная дорогу. Когда же он сопровождает своего повелителя пешком, то должен идти впереди него [при подъеме] на холме и сзади [при спуске] со склона; пусть это и мелочь, однако такая, какую не должен упускать преданный сподвижник. Ибо долг самурая — быть бдительным постоянно и всегда думать, как он может принести пользу на той службе, на которую назначен.

Чиновники

Есть поговорка, что чиновники и белые одежды хороши новыми, и, хоть это и шутка, в ней содержится немало правды. Ведь белое *косодэ* новым выглядит прекрасно, но, после того как его поносят некоторое время, сперва воротник и края рукавов грязнятся, а затем и все оно приобретает грязно-мышиный цвет, становясь очень неприятным. Так и чиновники: пока они молоды и неопытны, то подчиняются приказам своих хозяев до последней буквы, обращая внимание на каждую деталь, так как уважают данные ими клятвы и принятые обязательства, а также боятся наказания. Так они и служат — без алчности и бесчестья, и о них хорошо отзываются в клане.

Однако, побыв в своей должности долгое время, они часто начинают воспринимать как должное человеческую покорность, причем мнение о самих себе становится у них чрезвычайно высоким, и они начинают совершать поступки, о которых ранее и не помышляли. Более того, только вступив в должность, они лишь прикасались к подносимым подаркам и отправляли их обратно, как того требует чиновничий устав, либо же если по какой-то особой причине им все же приходилось их принимать, то очень скоро делали подарок, равноценный по стоимости. Однако через некоторое время в них начинает постепенно появляться дух алчности, и, хотя они и продолжают заявлять с достойным видом, что ничего не примут, некоторым образом становится известно, что это всего лишь показное, и их явное сопротивление очень скоро превозмогается, так что они в конце концов берут подарки, а в качестве ответного дара никак не могут не ограбить государство, вынося пристрастные решения. Такой порок очень походит на грязный цвет некогда белых одежд; разница между ними лишь в том, что если грязь можно смыть щелоком, то пятно на человеческом сердце въедается так глубоко, что его почти не оттереть. Также вполне достаточно стирать одежду два-три раза в году; человеческое же сердце следует очищать постоянно, и тереть, и полоскать, когда спишь и когда бодрствуешь, каждый день года без пропусков, и даже в этом случае его очень легко загрязнить. И точно так же, как щелок и навыки обращения с ним необходимы для одежды, [такого рода привычки] нужны и для очистки сердца самурая. В этом навыке — три принципа: Преданность, Долг и Храбрость, тогда как сущность щелока может разниться в соответствии с природой грязи. Ибо некоторая может поддаться воздействию сыновнего долга, некоторая — верности; даже когда применяются Преданность и Долг, существует настолько въевшаяся грязь, что не отмывается даже от них. Но если добавить Храбрость и усиленно их применять, то загрязненность можно вывести полностью. Таков глубочайший секрет очищения самурайского сердца.

Заимствованные и украденные полномочия

Иногда о самурае на службе говорят, что он заимствует полномочия от своего хозяина либо что он украл их у него. Точно так же его хозяин может их ему предоставить либо позволить их украсть. Когда сподвижник занимает значительную должность, в том случае если он молод или невысокого происхождения, на него могут оказывать воздействие обычаи общества или современная мода, так что свои обязанности он будет исполнять под началом хозяина. Таким образом, он временно отправляет их, к выгоде своего повелителя. Это заимствованные полномочия, и если с их помощью он реализует намерения своего хозяина, приносит пользу людям, а потом их возвращает, то будет поступать правильно и с должным почтением. Однако, если он обнаруживает, что его товарищи и посторонние обращаются к нему с почтением, называя «Ваше Превосходительство», «Ваша Честь» или как-то в том же духе, случается, что он становится охоч до поклонения и не желает расставаться с таким положением вещей; тогда о нем можно сказать, что он эти полномочия украл.

Рассматривая другой аспект того случая, когда хозяин передает свои полномочия и престиж подчиненным, мы находим, что в древние времена великие аристократы и знаменитые полководцы практиковали это лишь до определенной степени. Когда же приходило время требовать полномочия обратно по выполнении задания, случалось так, что иногда по своей доброте они позволяли оставить их на некоторое время, а затем происходило что-то, в результате чего их трудно становилось вернуть без того, чтобы не заплатить за это какую-то цену. В этих случаях подчиненные определенно крали у них полномочия. Для повелителя это не только большой позор, но и немалый ущерб. Ибо если сподвижник получает слишком большую власть, соответственно ее становится меньше у хозяина, и, если люди начинают считать, что в состоянии получить то, что им необходимо, оказывая знаки почтения подчиненному, так как тот контролирует все подходы к хозяину, они будут думать только о том, чтобы быть у того в фаворе, а хозяину придавать меньше значения; добропочтительные отношения хозяина и подчиненного нарушаются, что сразу же заметит преданный самурай. Затем, если возникнет какая-то чрезвычайная ситуация, не останется ни одного хорошего человека, с кем можно было бы иметь дело. Более того, не только люди посторонние, но и те, кто находится в непосредственном приближении повелителя, равно как и чиновники в обычных подразделениях, окажутся под гнетом власти подобного человека, так что станут замыкаться в себе, что тоже нехорошо для их хозяина. Потому что они не будут говорить о тех вещах, на которые обязаны по должности обращать внимание, но лишь сожалеть о них в глубине души и осуждать в узком кругу друзей, и никто не встанет и не доложит обо всем своему повелителю. Таким образом, двойственное поведение и пристрастность обидчика, а также излишества его «славы и доблести» остаются неизвестными его хозяину, который считает все, что тот делает, правильным и из-за подобной халатности навлекает на себя большие несчастья. Неспособность же понимать, что представляют собой люди, в целом порицается как черта, недостойная любого, кто является повелителем или командиром.

Более того, человек, которому безразлично, что думает его повелитель, вряд ли будет прислушиваться к мнению своих сослуживцев. Он станет расположенным к мелким чиновникам, а своим друзьям и знакомым будет давать жалованье и взятки из средств своего хозяина; ответные же подарки станет присваивать себе, а развлекая гостей, выставит рыбу, вино и сладости, взятые с кухни хозяина. Действуя так по принципу: что принадлежит хозяину, то принадлежит и мне, а то, что мое — то мое, он ослабляет удел господина, причиняя тому большие убытки. Поэтому осмысли все это очень глубоко и всегда помни, что следует быть скромным, не опускаясь ни до каких претензий в том случае, если повелителем тебе предоставлены некие привилегии, так, чтобы ничто не замутнило сияние его славы. Как говорит старинная поговорка, «Верный сподвижник не осознает собственного существования, но лишь — своего повелителя».

Сбор налогов

Для самурая на службе наиболее трудными являются обязанности казначея. Дело в том, что, обладая лишь обычными знаниями и способностями, чрезвычайно трудно действовать так, чтобы, ведя дела к выгоде повелителя, не причинить тягот прочим сподвижникам, не говоря уже о крестьянах в деревнях и жителях призамковых городов. Если будешь думать лишь об интересах хозяина, то нижестоящим придется мириться со многими тяготами; если же думать только о том, чтобы сделать их удел сносным, ваш повелитель, в свою очередь, понесет убытки, так что хоть где-то, да будет какое-то упущение. И потом, как бы умен и дальновиден ни был самурай по натуре, заразиться алчностью очень просто, а в случае, когда ему приходится принимать меры по сбору средств для домашних дел своего хозяина и на прочие расходы и, таким образом, контролировать эти деньги, он может заважничать, привыкнуть к роскоши и замыслить присвоение денег своего повелителя, строительство домов, собирание старинных вещей и приобретение роскошных одежд. Таких называют ворующими сподвижниками.

Опять-таки, есть такие чиновники, что выдумывают новые способы, отличные от использовавшихся предыдущим хозяином, полагая, что они послужат к выгоде повелителя, не задумываясь о том, какие трудности это принесет их сподвижникам, и заставляют обитателей призамкового города платить еще большие налоги, налагают еще более тяжелые повинности на крестьян, думая лишь о том, как в ближайшем будущем собрать возможно большие средства, ни в грош не ставя состояние людей. Они также способны обманывать несведущих советников, старейшин и глав подразделений, так что те соглашаются несправедливо повышать им жалованье и присуждать награды. Однако стоит только этим нововведениям оказаться недейственными и малоэффективными, они немедленно представят дело так, как будто в действительности они были спланированы теми советниками и главами, и, таким образом, избежат наказания, спрятавшись за их спинами. Таких называют сподвижниками, выбивающими налоги.

Теперь, что касается вышеуказанных ворующих сподвижников, то, хотя они и обращаются с собственностью своих хозяев недостойным для самурая образом, извращая, соответственно, всякую законность, когда на них обрушивается кара Небес, что проявляется в крахе их личных начинаний, когда они повергаются в прах, все кончается, ибо людей более никто не угнетает, и смущения в управлении, а также убытки в провинциях прекращаются. Однако чиновники, выбивающие налоги, наносят гораздо более ощутимый урон, который неизмеримо труднее загладить. Ибо ущерб управлению страны является величайшим из возможных преступлений, даже если речь и не идет о чьей-то личной алчности или казнокрадстве. Именно поэтому мудрецы древности заявляли, что лучше иметь ворующего чиновника, чем того, который выбивает налоги. И хотя для самурая нет ничего хуже, чем прослыть казнокрадом, древние все же более порицали вымогателей. Поэтому, если вора наказывают отсечением головы, вымогателя следует распинать. Таковы приговоры древних времен; теперь же, поскольку действия обеих указанных категорий можно оценивать одинаково — и те и другие вымащивают себе гнезда, прикидываясь, что трудятся на благо своего повелителя, — их надо рассматривать в качестве равно омерзительных преступников. Для подобных же тяжких преступлений не бывает слишком суровых наказаний.

О том, как становятся ворами

Воинам низкого ранга, служащим под началом капитана охраны или старшего офицера, приходится внимательно относиться к требованиям многочисленных вышестоящих, будучи одновременно снисходительными к порокам своих сослуживцев. Если же судьба сложится так, что им посчастливится подняться по службе и получить отряд под свою команду, им следует быть снисходительными и заботливыми к тем, кто находится в их подчинении, исполняя одновременно долг в отношении своего господина. Нечего и говорить, что им нельзя быть пристрастными или подхалимами, но, если со временем им посчастливится возвыситься до должности капитана охраны или старшего офицера, не исключено, что их отношение претерпит изменения. Так, Сакума, слуга Ода, и Уодзуми, слуга Хасиба, являли собою пример людей замечательных, когда были простыми самураями, но сильно испортились, когда они достигли высокого положения, а потому были отвергнуты своими хозяевами и поверглись в прах.

Леность

Самурай на службе, как я уже говорил в первом разделе, должен жить сегодняшним днем, не заботясь о завтрашнем, так что, если он делает то, что должен делать, день за днем, тщательно и целеустремленно, чтобы ничего не оставалось незавершенным, для него не останется причин получать упреки или о чем-то сожалеть. Неприятности возникают, когда люди начинают полагаться на будущее и становятся ленивыми и праздными, позволяют всему идти своим чередом, откладывая весьма срочные дела после продолжительных обсуждений, не говоря уже о менее важных, в полной уверенности, что те подождут до следующего дня. Они сваливают эти обязанности на одного, винят в чем-то другого, пытаются заставить третьего сделать что-то за них, а если помогать некому, то оставляют все несделанным, так что вскоре скапливается огромное количество незавершенных дел. Такова ошибка, возникающая оттого, что полагаются на будущее; следует всегда быть настороже, чтобы не впасть в подобное состояние. К примеру, если на какой-то определенный день месяца для вас назначено время заступать на стражу, следует прикинуть, сколько времени займет дойти от своего дома до места, и учесть его в урочный день, так что вы будете готовы приступить к своим обязанностям чуть-чуть раньше указанного часа. Некоторые же глупцы попусту тратят время, раскуривая, когда следует выходить, или болтая с женой и детьми, так что поздно покидают дом, поэтому им приходится так спешить, что они не узнают на улицах людей, мимо которых пробегают. Добравшись же до места, они покрыты потом, вертят в руках веер даже в холодную пору; кроме того, им приходится придумывать какой-то подходящий предлог для своего опоздания, объясняя это некими срочными делами. Когда самурай заступает на стражу в замке своего повелителя, он никогда не должен опаздывать по любой личной причине. Если же кто-то постарался прийти немного пораньше и ему приходится ждать своего товарища, ему не следует садиться на корточки и зевать; также не должен он спешить уйти, когда его время закончилось, как если бы ему было неприятно находиться в особняках своего повелителя, ибо подобное поведение выглядит совсем нехорошо.

В дороге

Когда в ходе путешествия, собравшись пересечь реку или сесть на паром, встречаются два *даймё* и между их сопровождающими возникает спор, в который включаются все остальные, так что возникает общая ссора, вмешаются ли в нее хозяева или нет, зависит от того, как вести дело. Если уж вмешаются оба, устроить все будет трудно. Помните, что все неприятности возникают снизу, так что, путешествуя со своим повелителем, хорошенько следите не только за собой, но и за своими товарищами, стараясь успокаивать всех, насколько возможно, чтобы не случилось ничего неразумного.

Когда же сопровождаешь своего хозяина пешим в Эдо и на пути встречается другой *даймё*, в случае если молодые самураи в первых рядах обменяются оскорблениями и дело дойдет до драки, следует быть начеку и немедленно взять у копьеносца копья своего хозяина, стать с ним рядом и ждать, как будут развиваться события. Если же сохранить мир не удастся и всем сподвижникам придется обнажить мечи и вступить в схватку, следует немедленно подвести коня хозяина к его паланкину, помочь ему сесть в седло, снять чехол с копья и подать ему, будучи одновременно готовым вытащить свой меч и начать сражаться.

Когда сопровождаешь своего господина на отдыхе, если произойдет что-то непредвиденное, когда тот находится в помещении, и покажется, что в покоях также может что-то случиться, взойди на крыльцо с мечом в руке и объяви слугам: «Я — такой-то, слуга господина такого-то; поскольку ситуация внутри показалась мне неспокойной, я несколько забеспокоился о своем повелителе и потому пришел сюда». После этого те, вероятно, скажут: «Мы не думаем, что происходит что-то серьезное, хотя вам, естественно, и может быть беспокойно, однако, поскольку ваш повелитель в безопасности, пожалуйста, успокойтесь», и вы сможете сообщить об этом своим товарищам. В таком случае все будут рады услыхать подобное. Затем следует попросить слуг передать своему повелителю просьбу увидеть его и после этого немедленно уйти.

Выказывание чувств

Самурай, оказавший своему повелителю какую-то особую услугу и считающий это чем-то выдающимся, пусть даже и другие считают так же и хвалят его, должен понимать, что самому его хозяину дело может представляться не совсем таким. Даже если в душе он и тронут, что-либо другое может его оскорблять. Таким образом, если сподвижник не получит никакого вознаграждения и думает, что его заслуги недооценили, он может почувствовать себя неудовлетворенным и выказать свои чувства, постоянно жалуясь на неблагодарность своего хозяина, что, несомненно, является ошибкой человека, недостаточно понимающего существо службы.

Если говорить о самураях времен гражданских войн, то они бесчисленное количество раз на дню бывали на поле боя, свободно рискуя своими жизнями ради хозяев и командиров, но они никогда не говорили о своих заслугах или доблести. Служба же в мирное время есть не что иное, как протирание циновок, потирание рук и участие в сражениях с помощью длинного языка, но уж ни в коем случае не риск собственной жизнью на поле брани. Тем не менее в мире ли или на войне долг самурая — служить с равным духом преданности. И будь то, что он делает, чем-то особым, достойным похвалы или нет, судить об этом его повелителю. Достаточно того, что он намерен исполнять свои обязанности верно, а выражения каких-либо чувств неудовлетворенности от него никто не ждет.

Самурай на службе всегда в большом долгу перед своим повелителем и может думать, что вряд ли сможет целиком его выплатить, разве что совершит *дзюнси*[22] и последует за ним после его смерти. Однако законом это запрещено, а нести обычную службу дома на циновках — это далеко от желаемого. Что же остается? Человек может мечтать о возможности совершить нечто более выдающееся, чем его сотоварищи; пожертвовать своей жизнью и чего-то добиться, и если он действительно настроил себя на нечто подобное, то это в сотни раз предпочтительнее *дзюнси*. Ибо он может стать спасителем не только своего хозяина, но и всех своих товарищей-сподвижников — как высших, так и низших, послужив примером, который будут помнить до скончания времен как образец самурая, обладающего тремя качествами: Преданностью, Верой и Доблестью. Далее, всегда есть некий злой дух, преследующий семейство, одно из лиц которого — высокого ранга. И проклятия, которые он насылает на это семейство, прежде всего проявляются в смерти от несчастного случая либо эпидемической болезни одного из молодых самураев среди наследных советников или старейшин, который обладает всеми тремя достоинствами воина и обещает в будущем стать великой ценностью и поддержкой для своего господина, равным образом как и значительным сокровищем для собственного клана, потеря которого, таким образом, представляет серьезный удар [для всех]. Так, когда Амари Саэмон, командующий самураями Такэда Сингэн, упал с лошади и был убит в совсем еще молодом возрасте, это было дело рук злобного духа Такасаки Дандзё, долгое время преследовавшего этот дом. В другом случае этот злой дух может войти в душу одного из советников, или старейшин, или приближенных самураев, которым повелитель верит и доверяет больше всех, так что те начинают вводить разум хозяина в заблуждение, склоняя его на пути несправедливости и непотребства.

И вот, вводя, таким образом, своего господина в заблуждение, такой самурай может делать это шестью способами. Во-первых, он может препятствовать ему в видении и слышании чего бы то ни было, ухитряясь делать так, что никто из приближенных не в состоянии высказать собственное мнение, либо же, даже если им это удается, оно не принимается, и в конце концов получается так, что хозяин начинает считать одного его незаменимым, передавая все в его ведение. Во-вторых, если он замечает, что любой из самураев в доме начинает подавать надежды и сможет быть полезным господину, то предпримет все возможное, чтобы того перевели в другое место и держали подальше от хозяина, оставив единственными связями с повелителем свои собственные, а также тех, кто с ним соглашается, кто раболепен и почтителен и никогда ему не перечит. Этим способом он не дает своему хозяину узнать ничего о своем вызывающем и всеподавляющем образе жизни. В-третьих, он может убедить своего повелителя взять вторую наложницу под тем предлогом, что у него недостает потомства для верного продолжения рода, и с этой целью собирает женщин, не проводя никакого расследования, из каких семейств они происходят, лишь бы хорошо выглядели. Так он набирает танцовщиц и тех, кто играет на *бива* и *сямисэн*[23], уверяя своего повелителя, что они необходимы, чтобы отвлечь его и рассеять скуку. Даже тот хозяин, кто по натуре умен и энергичен, вполне может быть увлечен женщинами, а уж тем более тот, кому подобных качеств недостает. Затем проницательность оставит его, и он станет думать только лишь о развлечениях, все более и более к ним привяжется, так что в конечном счете полностью предастся танцам и веселью, за чем неизбежно следуют праздники с возлияниями в любое время дня и ночи. Он станет проводить все свое время на женской половине, оставив все мысли об официальных и управленческих делах, с неприязнью воспринимая даже мысль о беседе со своими советниками на эти темы. Таким образом, все дела останутся в руках этого злого советника; ото дня ко дню власть его усиливается, тогда как все остальные превращаются в ничто, с сомкнутыми губами и кислыми минами, так что хозяйство приходит во все больший упадок. В-четвертых, как и следует при таких обстоятельствах, поскольку все содержится в секрете, расходы увеличиваются, а значит, надо повышать и доходы, так что со старыми правилами прощаются и вводят новые; туда сажают осведомителя, сюда — присматривающего, срезают выдачи, так что низшие слои испытывают большие тяготы, на что никто не обращает ни малейшего внимания, и все ради того, чтобы их повелитель мог жить, купаясь в роскоши. Так что, хотя они и не говорят ничего об этом на людях, среди всех сподвижников возникает сильная напряженность, и вскоре не остается никого, полностью преданного своему хозяину. В-пятых, хотя *даймё* должен быть человеком опытным на Пути воина, и никем другим, поскольку злой советник вряд ли станет заботиться о чем-то подобном в дни мира и спокойствия, подобные нынешним, военным делам не будет оказываться никакого интереса, а вооруженным силам — никаких смотров. И все домашние будут весьма довольны таким отношением, и никто не будет беспокоиться о военных обязанностях, не станет запасать нужное количество вооружений и снаряжения, все оставят всё как есть, чтобы хватало только на нынешний день. И никто не подумает, видя настоящее состояние дома, что их предками были известнейшие воины, а если возникнет какой-то кризис и застанет их неподготовленными, то не будет ничего, кроме суматохи и суеты, и никто не будет знать, что делать.

В-шестых, когда хозяин настолько увлекается удовольствиями, питьем и плясками, он будет привязываться к ним все больше и больше, до тех пор, покуда не подорвет себе здоровье. У всех его сподвижников наступит упадок духа, отсутствие искренности; они просто будут жить день за днем, безо всякого направления сверху, и в конце концов что-то может случиться и с повелителем под воздействием этого злого духа. Этот человек, который является причиной всего, этот мстительный дух своего хозяина и злой гений его дома, без сомнения, будет проклинаем всем кланом, но при этом не произойдет ничего, если только девять-десять из них не соберутся вместе, чтобы обвинить его и привлечь к суду с массой доказательств, испачкав тем свои руки. Но и в этом случае дела не разрешить, не вынося его на всеобщее обозрение, и тогда хозяина и его дом могут призвать для расследования, а потом дела могут стать еще серьезнее, и в конце приговор может быть вынесен правительством сёгуна. Во все же века, когда *даймё* не мог справляться со своими делами и к нему применялись правительством меры дисциплинарного воздействия, как результат, его дом ждал крах. Как говорится в пословице, «Выпрямляя рог, ты убиваешь вола, а охотясь за крысами — сжигаешь храм». Итак, когда рушится дом повелителя, его сподвижников распускают и те теряют место обитания. Поэтому самое лучшее — поймать этого великого мерзавца-советника, злого духа всего дома, и либо проткнуть его, либо отрубить голову — что вам больше подходит, покончив таким образом с ним и его продажными действиями. Затем вам следует немедленно совершить *сэппуку*[24]. В этом случае не будет никакого открытого разбирательства, или суда, или приговора, и персона вашего повелителя не претерпит никакого ущерба, и весь клан продолжит спокойную жизнь, а в империи не произойдет никаких внешних потрясений. Тот, кто поступит подобным образом, является примерным самураем, поступок которого во сто раз лучше, чем *дзюнси,* ибо он обладает тремя достоинствами: Преданностью, Верой и Доблестью, и имя его останется примером для потомков.

О литературе и искусстве

Хотя *бусидо* прежде всего подразумевает качества силы и напора, если будет развита лишь одна эта сторона, то носитель ее будет обыкновенный грубый самурай, ничем не примечательный. Таким образом, воину, безусловно, следует быть грамотным, а при наличии времени он должен ознакомиться до какой-то степени со стихосложением и чайным действом. Если же он не станет учиться, то не в состоянии будет понять причины вещей как прошлых, так и настоящих. И как бы ни был он по-житейски умен или проницателен, временами из-за недостатка учености он будет попадать впросак. Ибо если есть общее понимание сути дел, происходящих в вашей стране и в других странах, и вы тщательно учитываете три принципа — времени, места и ранга — и будете следовать наилучшим путем, то вряд ли допустите в своих расчетах много ошибок. Именно поэтому я считаю, что самураю следует учиться. Однако, в случае если он плохо пользуется своими знаниями, становится самоуверенным и перестает вообще замечать людей не очень грамотных, если он поклоняется всему иноземному и считает, что раз вещь не китайская, то она ничего не стоит, если он бывает настолько предубежден, что не может понять, что нечто не подходит для Японии в настоящее время, как бы ни было это хорошо в теории, тогда, говорю я, учение это несоразмерно. Заниматься следует, не упуская из виду указанное.

Опять-таки, стихосложение — давний обычай в нашей стране, и великие воины во все века были признанными мастерами этого искусства, так что даже скромный солдат поступит правильно, поупражнявшись в этом, сложив временами пару неуклюжих строф. Однако любой, кто полностью отдастся этому, презрев свои обычные обязанности, станет мягким душой и телом и потеряет все воинские качества и будет выглядеть обычным самураем-придворным. В особенности если вы увлечетесь короткими стихотворениями *хайкай*[25], столь модными в нынешнее время, то приобретете острый язык, станете остроумным и находчивым даже в компании серьезных и сдержанных сослуживцев, но, хотя это и может быть развлекательным в современном обществе, такого поведения самураю следует избегать. Далее, что касается *тяною*[26], то со дней сёгунов Киото военное сословие всегда тянуло к такому занятию, и пусть даже вы не являетесь пока его горячим приверженцем, вполне вероятно, что вас пригласят принять в нем участие, став гостем среди мастеров высокого класса, так что вам следует, по крайней мере, знать, как правильно входить в чайную комнату и ее отделы, как вежливо рассматривать чайную утварь и следить за действиями [мастера] и как есть [сладости] и пить чай должным образом. Чтобы получить эти знания о правилах и процедурах, неплохо было бы взять несколько уроков у знатока чайного действа. Опять-таки, чайная комната — весьма достойное место, куда можно удалиться и отдохнуть; оно свободно от излишеств и роскоши, так что даже на территории богатых поместий и у высших чиновников можно обнаружить эти домики с камышовыми стенами, со столбами из простого дерева и со стропилами из бамбука, поставленные в местах, напоминающих одинокие горные долины, с их чистой простотой обычных решетчатых окон, бамбуковыми шторами, грубоватыми калиточными воротами и входом. А чайные приборы и прочая утварь также не имеют каких-либо богатых орнаментов, они — чистых и сдержанных форм, очень далеких от грязи повседневной жизни; этот дух, если его культивировать, может, как мне кажется, в значительной степени усладить Путь воина. Таким образом, каждому очень неплохо отвести место для *тяною,* если вы располагаете хотя бы картинами современных художников и чайными принадлежностями от современных гончаров и простым чайником, так как все это — весьма недорого и соответствует строгому духу чайного действа. Во всем, однако, простое очень скоро может превратиться в сложное, роскошь может проявить себя, и если, к примеру, когда вы видите чей-то котелок работы Асия и ощущаете отвращение к своему обычному, вскоре вы можете захотеть, чтобы вся ваша утварь являла собой ценные вещи. Затем вы научитесь торговаться, станете ценителем, так что будете в состоянии приобрести прекрасную вещь весьма недорого. Затем, увидев нечто очень привлекательное в чьемлибо доме, станете назойливо этого домогаться либо замыслите обмен, разумеется с намерением остаться самому в выигрыше. Такое поведение ничем не лучше, чем у мелочного торговца или барышника, и низводит Путь воина до уровня корыстолюбия. Это очень серьезный порок, и чем практиковать такую разновидность чайного действа, лучше не знать о ней вообще ничего, оставаясь в неведении даже относительно того, как пьют порошковый чай. Ибо лучше показаться несколько грубоватым, чем испортить качество *бусидо*.

Примечания

[1] *Дайдодзи Юдзан* (1639–1730), известный также как *Дайдодзи Сигэскэ*, был выходцем из известной самурайской семьи, ведшей свое происхождение от клана Тайра через Тайра Корэхира (X век). Его предком в пятом поколении был Сигэтоки, старший брат Исэ Синкуро Нагаудзи, прославившийся как Ходзё Соун, повелитель Одавара, один из самых известных военных правителей своих дней. Сигэтоки взял имя Дайдзёдзи от названия деревни, куда он удалился на покой. Его внук Масасигэ покончил жизнь самоубийством, когда войска Хидэёси взяли Одавара в 1590 году, а его сын Наосигэ стал вассалом Токугава Хидэтада и храбро сражался при осаде Осака, помогая воодушевлять войска *сёгуна*, сильно потрепанные отчаянными вылазками осажденного гарнизона. Сигэхиса, отец Юдзана, был вассалом Токугава Тадатэру, шестого сына Иэясу и младшего брата Хидэтада, которого стали подозревать в заговорщической деятельности, лишили удела и отправили в ссылку. Юдзан родился в провинции Ямасиро (в настоящее время — часть префектуры Киото), жил и обучался в Эдо под руководством Ходзё Удзинага. Похоже, какое-то время Юдзан служил Токугава Тадатэру так же, как и его отец, однако одновременно он изучал науки и стал ортодоксальным конфуцианским ученым, специалистом по военным делам и занял пост военного советника при Мацудайра — повелителе Айдзу. Затем он удалился в Ивабути, что в Мусаси, а позже стал жить в усадьбе Мацудайра, Этидзэнно Ками, главы *камон* — семей прямых родственников *сёгуна*. Судя по всему, в жизни он придерживался тех же правил, которые рекомендовал в своих произведениях, поскольку его описывали как образец преданности, выдерж-

ки и самообладания. Прославился он, однако, своими литературными произведениями и в последние годы жизни много путешествовал и выступал с лекциями по приглашениям различных *даймё*. Он был также небесталанным поэтом. Из его прозаических произведений хорошо известны *Ивабути Ява* («Вечерние рассказы в Ивабути») — серия историй о Токугава Иэясу, расположенных в хронологическом порядке, *Отибосю* — история Иэясу, его родственников и сподвижников, города и замка Эдо, построенного ими, *Тайсёдэн* («Предания о великих полководцах») и *Госинрон* («Записки и пяти вассалах»). *Книга Будо сёсин-сю* («Сборник наставлений на воинском пути») не была опубликована при его жизни, но считается весьма важной для исследований классического *бусидо* по причине своей относительной свободы от конфуцианского влияния; она была широко читаема в конце периода Эдо.

2 *Ёсида Кэнко* (1283?–1352?), писатель, известный прежде всего своим сборником философско-житейских эссе *Цурэдзурэгуса* (ок. 1330) — «Записки от скуки».

3 *Четыре Книги* и *Пять Классиков* — два набора китайских классических текстов конфуцианства. Первый: «Великое Учение» *(Дайгаку)*, «Срединное Учение» *(Тюё)*, «Беседы и суждения» *(Ронго)*, «Мэнцзы» *(Моси)*. Второй: «Книга Перемен» *(Экикё)*, «Книга Документов» *(Сёкё)*, «Книга Песен» *(Сикё)*, «Книга Обрядов» *(Райки)*, «Весны и Осени» *(Сюндзю)*.

4 *Бусидо* — букв. «Путь воина». Термин вошел в употребление в конце XVI — начале XVII века.

5 *Рё* — единица веса, принятая в средневековый период (XIII–XVI века) для взвешивания таких ценностей, как золото, серебро, лекарства и благовония. Хотя в зависимости от времени, места и взвешиваемого предмета величина бывала различной; в Киото 1 рё обычно равнялся 4,5 (позже 4,4) моммэ (1 моммэ = 3,75 г), а в провинциях — между 4 и 5 моммэ.

6 *...в эпоху правления Кэйтё...* — в 1596–1615 годы.

7 *Хакама* — широкая юбка-штаны со складками.

8 *Дзюдзицу* — искусство борьбы дзюдо.

9 *Три Сокровища* — Будда, Дхарма, Сангха.

10 *Коку* — мера сыпучих тел, использовавшаяся в основном для риса, но иногда и для других сухих субстанций, и да-

же для жидкостей. В эпоху Эдо (1600–1868) 1 *коку* зерна равнялся 0,18 кубического метра, или 180,39 литра, теоретически представляя собой порцию риса, достаточную для того, чтобы прокормить одного человека в течение года.

[11] *Коё гункан* — 20-томный воинский трактат, датируемый первыми годами эпохи Эдо, возможно 1625 годом. Описывая выдающиеся военные достижения двух полководцев — Такэда Сингэн и его сына Такэда Кацуёри, трактат рисует картину жизни самураев провинции Косю (в настоящее время — префектура Яманаси).

[12] *Нобунага [ко]-ки* — другое название — *Синтё ко-ки.* Описание жизни и деятельности Ода Нобунага, закончено около 1610 года. Автор — Ота Гюити (1527–1610?).

[13] *Тайко-ки* — хроника жизни Тоётоми Хидэёси, написана Одзэ Ёсиёри в 1625 году.

[14] *Святой* — Будда.

[15] *Даймё* — термин, появившийся в документах XI века для определения крупных землевладельцев как из военного, так и из гражданского сословий. Со временем так стали называться исключительно военные правители, а к концу XVI века слово формализировалось и применялось уже исключительно к тем лидерам воинской верхушки, ежегодный доход с земель которых исчислялся не менее чем 10 000 *коку.*

[16] *Сёдзи* — раздвижные перегородки в японском доме.

[17] *Катабира* — летнее легкое полотняное кимоно.

[18] *Мисосиру* — суп из бобов мисо.

[19] *Мариситэн* (*санскр.* Marici). — В буддийском пантеоне — обожествленные свет и тень от солнца и луны; в Японии — божество — покровитель воинов.

[20] *Косодэ* — белое нижнее кимоно с узкими рукавами.

[21] *Камисимо* — парадный костюм.

[22] *Дзюнси* — самоубийство после смерти своего господина.

[23] *Бива* и *сямисэн* — традиционные японские щипковые инструменты.

[24] *Сэппуку* — самоубийство посредством разрезания живота.

[25] *Хайкай* — 17-сложная стихотворная форма, состоящая из трех строк по 5, 7 и 5 слогов соответственно.

[26] *Тяною* — чайное действо.

СОДЕРЖАНИЕ

Миямото Мусаси

КНИГА ПЯТИ КОЛЕЦ

(Горин[-но] сё)

Свиток Земли 7
Свиток Воды 23
Свиток Огня 43
Свиток Ветра 63
Свиток Пустоты 75
Примечания 77

Дайдодзи Юдзан (Сигэскэ)

СБОРНИК НАСТАВЛЕНИЙ НА ВОИНСКОМ ПУТИ

(Будо сёсин-сю)

Глава 1 81
Глава 2 105
Глава 3 127
Примечания 154

Мусаси М.

М 91 Искусство самурая : Книга Пяти колец : трактаты / Миямото Мусаси ; пер. с яп. А. Г. Фесюна. — СПб. : Азбука, Азбука-Аттикус, 2015. — 160 с. — (Азбука-классика. Non-Fiction).

ISBN 978-5-389-08125-3

Имя Миямото, мастера фехтования, «Святого меча» и художника эпохи Эдо, известно и почитаемо поклонниками боевых искусств благодаря написанной им и ставшей легендарной «Книге Пяти колец» («Горин-[но] сё») — наиболее зрелому и талантливому произведению самурайской литературы. В этой книге, являющейся, по словам самого Мусаси, «руководством для людей, которые хотят научиться искусству Стратегии», освещаются как вопросы стратегии военных действий, так и методы ведения одиночного поединка. И сегодня, в XXI веке, учение Миямото Мусаси не утратило своей актуальности. Настоящее издание заинтересует не только увлекающихся боевыми искусствами, но и всех тех, в чьей жизни понятия «тактика» и «стратегия» занимает не последнее место.

УДК 821.521
ББК 84(5Япо)-44

Литературно-художественное издание

МИЯМОТО МУСАСИ

ИСКУССТВО САМУРАЯ

КНИГА ПЯТИ КОЛЕЦ

Ответственный редактор Кирилл Красник
Художественный редактор Валерий Гореликов
Технический редактор Татьяна Тихомирова
Компьютерная верстка Ирины Варламовой
Корректор Наталья Бобкова

Главный редактор Александр Жикаренцев

Подписано в печать 29.12.2014. Формат издания 75 × 100 1/32.
Печать офсетная. Тираж 4000 экз. Усл. печ. л. 7,05
Заказ № 6152/15.

Знак информационной продукции
(Федеральный закон № 436-ФЗ от 29.12.2010 г.): 16+

ООО «Издательская Группа „Азбука-Аттикус“» —
обладатель товарного знака АЗБУКА®
119334, г. Москва, 5-й Донской проезд, д. 15, стр. 4

Филиал ООО «Издательская Группа „Азбука-Аттикус“»
в Санкт-Петербурге
191123, г. Санкт-Петербург, Воскресенская наб., д. 12, лит. А

ЧП «Издательство „Махаон-Украина“»
04073, г. Киев, Московский пр., д. 6 (2-й этаж)

Отпечатано в соответствии с предоставленными материалами
в ООО «ИПК Парето-Принт».
170546, Тверская область, Промышленная зона Боровлево-1,
комплекс № 3А.
www.pareto-print.ru

YNFA1613001R

ПО ВОПРОСАМ ПРИОБРЕТЕНИЯ КНИГ ОБРАЩАЙТЕСЬ

В Москве:
ООО «Издательская Группа
„Азбука-Аттикус“»
Тел.: (495) 933-76-00,
факс: (495) 933-76-19
E-mail: sales@atticus-group.ru
info@azbooka-m.ru

В Санкт-Петербурге:
Филиал ООО «Издательская Группа
„Азбука-Аттикус“» в г. Санкт-Петербурге
Тел.: (812) 327-04-55
факс: (812) 327-01-60
E-mail: trade@azbooka.spb.ru
atticus@azbooka.spb.ru

В Киеве:
ЧП «Издательство „Махаон-Украина“»
тел./факс: (044) 490-99-01
E-mail: sale@machaon.kiev.ua

Информация о новинках и планах,
а также условия сотрудничества
на сайтах

www.azbooka.ru
www.atticus-group.ru